MÉMOIRE
HISTORIQUE ET CRITIQUE

SUR LA CHAPELLE DE LA SAINTE VIERGE

DE L'ÉGLISE ROYALE ET PAROISSIALE

DE SAINT-GERMAIN-L'AUXERROIS, A PARIS,

ET SUR

L'ornementation architecturale, les Peintures et Vitraux
dont on vient de la décorer ;

PAR N.-M. TROCHE,

Chef de bureau de l'état civil du 4e arrondissement de Paris.

> Viam veritatis elegi.
> (*Psal.* CXVIII, v. 30.)

PARIS,

IMPRIMERIE ET LIBRAIRIE ADMINISTRATIVES DE PAUL DUPONT,
Rue de Grenelle-Saint-Honoré, 55, Hôtel des Fermes.

1848

MÉMOIRE
HISTORIQUE ET CRITIQUE

SUR LA CHAPELLE DE LA SAINTE VIERGE

DE L'ÉGLISE ROYALE ET PAROISSIALE

DE SAINT-GERMAIN-L'AUXERROIS, A PARIS.

Naguère, l'architecture du moyen âge était réputée barbare et regardée avec mépris; mais, depuis quinze ans, une réaction providentielle s'est opérée dans les esprits, et a révélé au monde quelle puissance possédait l'art alors qu'il était original et chrétien. L'amour des vieux monuments, élevés par la foi de nos pères, s'est emparé de toutes les véritables intelligences; il est maintenant peu de personnes qui ne les apprécie comme ils auraient toujours dû l'être; on ne se borne plus seulement à s'enquérir de leur date, à déterminer les caractères matériels qui les distinguent, ou à fixer leur classification : le goût pour les choses du passé entraîne à connaître les symboles et les rites sacrés au moyen desquels l'Église exprime sa religion envers Dieu.

On ne conteste plus aujourd'hui la noblesse, la sublimité et la mystique profondeur des rites et des symboles catholiques; il n'est pas jusqu'à ces sceptiques qui parlent de la décrépitude de notre foi, qui ne la proclament en même temps poétique et séduisante dans ses formes. Toutefois, croyants ou sceptiques, il est peu d'entre eux qui puissent se vanter d'avoir sérieusement exploré tout ce qu'il y a de grandeur et de génie dans les antiques trésors de l'iconologie, de la liturgie catholiques. Combien peu de chrétiens savent que la dédicace d'une église ou la consécration d'un autel offrent, dans l'ensemble des rites qui accompagnent ces solennités, si rares de nos jours, une vaste et sublime épopée, qui embrasse à la fois les réalités de la vie présente et les mystérieuses espérances de la vie future.

Les paroissiens de Saint-Germain-l'Auxerrois viennent d'être encore une fois les heureux témoins d'une de ces pompes catholiques qu'ils avaient vue s'accomplir sous les voûtes sacrées de leur belle église, le 13 septembre 1841, lors de la consécration des autels des cinq chapelles absidiales, par Mgr. François-Nicolas-Madeleine Morlot, alors évêque d'Orléans, et aujourd'hui archevêque de Tours.

Pendant les six années qui se sont écoulées depuis cette majestueuse solennité, l'autorité civile poursuivant généreusement son œuvre de réhabilitation de l'antique et gracieux édifice, s'est complu à décorer la chapelle dédiée à Marie, la mère du Sauveur, avec une magnificence toute hiératique, où se réflètent les symboles et les traditions mystiques qui caractérisent la vie cachée de cette Reine du ciel. Le même rite solennel restait donc à accomplir pour sanctifier l'autel magnifique autour duquel se déroule maintenant l'iconographie de la Bible et de l'Evangile, en ce qui concerne cette vie à la fois si humble et si glorieuse de la divine Vierge, si particulièrement honorée autrefois dans notre vieille collégiale, qu'au seizième siècle on n'y comptait pas moins de six autels qui lui étaient dédiés sous des vocables divers (1).

La consécration solennelle du nouvel autel de la Sainte-Vierge est venue clore, pour ainsi dire, la longue série de ces immenses travaux de diverses natures, commencés en septembre 1838, et continués, presque sans interruption, jusqu'à ce jour. Le samedi 30 avril 1847, jour où allait s'ouvrir la dévote station du mois de Marie, cette glorieuse consécration pontificale a été faite, en présence et avec l'assistance de M. Demerson, curé de Saint-Germain-l'Auxerrois, et des prêtres de la paroisse, par Mgr. Verrolles, évêque de Colombie, dans l'Amérique du Sud, et vicaire apostolique de Mantchourie, province de Chine ; l'un de ces modernes apôtres qui vont, au péril de leur vie, dans les régions les plus lointaines et les plus sauvages du Globe, porter aux nations, *qui vivent dans l'ombre de la mort*, les lumières de la foi et les bienfaits de la civilisation chrétienne. Nous consignerons plus loin quelques particularités historiques et liturgiques de cette consécration, ainsi que le

---

(1) Ces chapelles avaient pour titre : Notre-Dame-de-Pitié, l'Annonciation, Notre-Dame-du-Mesche, ou de Consolation, la Visitation, de la Sainte-Vierge et Saint-Martin, et de la Sainte Vierge.

texte de l'acte qui la constate, inséré dans le registre baptismal de l'année 1847.

Il est peu des anciennes églises de Paris qui offrent, dans leurs fastes et leurs annales, autant d'intérêt historique que l'antique collégiale et paroisse royale de Saint-Germain-l'Auxerrois : nous pouvons dire, sans craindre d'être accusé d'exagération, que chacune des vingt et une chapelles qui forment une chaîne mystérieuse autour de son enceinte (bien que dans ces derniers temps six aient été privées de leur autel), fournirait à elle seule le thème d'une petite monographie (1). Cet intérêt historique, qui se rattache à la noble église, se justifie par la prédilection singulière dont nos rois la rendirent souvent l'objet. Privé, par la nature et les bornes de ce Mémoire, de pouvoir en multiplier les preuves, bornons-nous à rappeler que, dès le règne de Charlemagne, au neuvième siècle, son clergé avait le premier rang après l'abbaye de Saint-Denis dans certaines cérémonies publiques (2). D'après les conditions du traité conclu en 1222, entre Guillaume de Seignelay, 73ᵉ évêque de Paris, et le roi Philippe-Auguste, le Louvre était tributaire envers la collégiale de Saint-Germain de 30 sols parisis de rentes sur la prévôté de Paris, pour l'indemniser du terrain sur lequel Philippe avait fait construire la grosse tour et l'enceinte de cette résidence royale (3). Charles V, par son testament, en date, à Melun, du mois d'octobre 1374, lègue : « à *Item Sainct-Germain-l'Aucerrois*, à Paris, vingt liures parisis de rentes, pour y faire dire quatre messes du Sainct-Esperit, tant comme nous viverons et après nostre très-passement, de requiem, à distribuer égaument à ceuls qui présens seront et au long desdites messes (4). » Enfin, en 1581, Henry III, marguillier d'honneur de la paroisse : « *print*, en sa sauve garde et protection, les personnes, biens et facultez de messieurs de Saint-

---

(1) Dans notre Monographie inédite de Saint-Germain-l'Auxerrois, chacune de ces chapelles, classée sous le numéro correspondant à celui sous lequel elle figure dans le plan ichnographique de l'église, est l'objet d'une notice spéciale.

(2) *Histoire ecclésiastique*; Paris, tom. I, pag. 304. — Lebeuf, *Histoire du diocèse de Paris*, tom. I, pag. 38.

(3) *Gall. Christ.*, tom. VII. Instit. col. 93 et 120. Il s'agit ici de sous d'or (voir la note ci-après, page 7).

(4) *Mémorial de la chambre des comptes*, archives du royaume, registre D, fº 228.

Germain de l'Auxerrois, comme premier paroissien d'icelle église et aussi pource qu'elle a été fondée par ses prédécesseurs. » (Dubreuil, *Antiq. de Paris*, liv. III, p. 791.)

Obligé de rattacher ce modeste travail à des faits historiques pour lui donner un corps, et arriver ainsi à la description des sculptures et des peintures qui viennent d'être inaugurées dans la chapelle de la Sainte-Vierge, à leur appréciation sous le point de vue de l'archéologie et des arts, et à l'interprétation des types et des symboles exposés comme un livre incessamment ouvert, où le peuple fidèle lira pieusement la gloire et le triomphe de cette Vierge sainte, que saint Bernard a chantée avec tant de religion et d'amour : lui qui disait, en parlant de Marie « *hæc est ratio spei nostræ;* » nous avons cru qu'il serait convenable de développer rapidement l'historique de cette chapelle, en l'accompagnant de quelques remarques techniques qui pourront intéresser ceux qui savent que l'architecture du moyen âge apposait son cachet d'élégance et d'originalité sur ses œuvres les moins importantes, et que la simple chapelle de bois du hameau était aussi soignée que l'immense cathédrale, orgueil de nos cités.

Le commerce maritime ayant pris une extension considérable sous les règnes de Louis VI, dit le Gros, de son fils Louis VII le Jeune, et de leur successeur Philippe-Auguste, la population industrielle se groupa autour de notre collégiale pour y vivre à son ombre, et développer avec intelligence les transactions qui, dans la suite des temps, devaient rendre ce quartier un des plus riches et des plus habités de Paris : c'est à ce progrès qu'il faut rattacher l'origine de la paroisse de Saint-Germain-l'Auxerrois dans le sein de la collégiale qui eut, dès lors, deux clergés parfaitement distincts. Il y a preuve que cet établissement paroissial existait tout au commencement du treizième siècle : cela résulte d'un décret d'Eudes de Sully, évêque de Paris, de l'an 1202, qui accorda dix sols parisis à Saint-Germain-l'Auxerrois pour indemnité, à cause de l'érection dans sa censive, de la chapelle dite *de la Croix-la-Reine* (1). Cette

---

(1) C'est l'ancien hôpital de la Trinité qui était situé à l'angle des rues Saint-Denis et Grenétat (*Cartul. Sanct. Germ., antiss.* f° 18, v°). On conserve huit cartulaires de Saint-Germain-l'Auxerrois, écrits sur vélin, aux Archives du royaume, section historique, lettre L. 149-150, et treize registres de conclusions capitulaires

indemnité était partagée ainsi : 3 sols au doyen ; 2 sols au curé ; 5 sols au chapitre (1).

Le plan primitif de l'église de Saint-Germain-l'Auxerrois ne comportait aucune chapelle. Celles qui l'entourent aujourd'hui y ont été ajoutées ultérieurement entre les espaces qui séparent les éperons ou contreforts butant les murs de flanc et de l'abside de l'édifice. Jusqu'au commencement du quatorzième siècle, on n'avait établi de chapelles latérales qu'autour de l'hémicycle et de l'abside des églises. Mais à cette époque on en ajouta le long des bas côtés de

---

pendant une période de trois cent trente-six ans, depuis 1382 jusqu'à 1718 inclusivement. L. 756 à 768.

(7) Une livre, ou deux marcs pesant d'argent, ne se taillant dans le commencement de la monarchie qu'en 20 sous, Charlemagne ordonna, en 755, que l'on fît 22 sous d'une livre pesant d'argent. Un sou vaudrait donc aujourd'hui 3 fr. 35 c. de notre monnaie. Le denier était la douzième partie du sou, et l'obole la moitié du denier. La livre d'or se taillait en 72 sous d'or ; chacun vaudrait donc 15 francs de notre monnaie, en comptant par sou, demi-sou et tiers de sou d'or. Le sou d'or valait 40 deniers d'argent. Il y avait quelque variété dans la valeur de ces deniers, suivant les lieux où ils avaient été frappés. Ainsi, la monnaie du Mans était plus estimée que celle de l'Anjou et de la Normandie. Un denier manseau valait un denier et demi normand et deux deniers angevins, d'où est venu l'ancien proverbe qui appliquait aux habitants de ces provinces ce qui en fut dit d'abord que de la valeur de leur monnaie : « *Un Manseau vaut un Normand et demi et deux Angevins.* » C'est au règne de Philippe Ier, dans le temps de la première croisade, en 1099, qu'on fixe l'époque de la première diminution des espèces d'argent. De toutes les différentes dénominations des monnaies dont on se servait dans les payements, il ne nous reste plus que le franc, monnaie réelle dans son origine, de la valeur de 20 sous, frappée pour la première fois en 1351, sous le roi Jean, et dont le nom est resté pour exprimer 20 sous. Lorsque Hugues Capet parvint à la couronne, en 987, on comptait en France plus de cent cinquante monnaies différentes, dont la plupart s'excluaient réciproquement, de manière que le commerce de province à province devenait presque impossible. Ce ne fut qu'en 1227, sous saint Louis, que la monnaie royale fut reçue dans tout le royaume. Sous Hugues Capet, Robert et Henri Ier, de 987 à 1108, on comptait des sous d'or et d'argent sans aucune espèce de mélange, et des deniers d'argent fin. Louis le Gros, Louis le Jeune, Philippe-Auguste et Louis VIII avaient aussi leur monnaie d'or fin. On la divisait en monnaie parisis et en monnaie tournois ; la première était plus forte d'un quart que l'autre : toutes deux furent longtemps usitées en France dans les comptes et dans les contrats. La première, qui avait commencé en 1061, sous Philippe Ier, ne fut abolie que sous Louis XIV, en 1648, quoique, dès le règne de saint Louis, en 1226, on ne se servît guère plus que de la monnaie tournois. La proportion était le dixième entre l'or et l'argent. (*Dictionnaire des dates*, au mot *Monnaie* ; tom. II, pag. 381.)

la nef, depuis le transsept jusqu'au portail occidental. En plaçant un autel dans chacune des chapelles latérales, on rendit l'aspect général intérieur plus imposant et plus mystérieux. Certains archéologues ont cru voir, dans la disposition de ces nombreuses chapelles qui, comme une glorieuse couronne, pourtournent l'édifice, un mémorial et une imitation des tombeaux des martyrs ; mais cette opinion n'est fondée sur aucun témoignage probant (1). Il nous semble plus plausible d'admettre que cette addition est due aux confréries d'arts et métiers, si nombreuses aux treizième et quatorzième siècles. Chacune de ces corporations était désireuse d'avoir, dans l'église où elle se réunissait, une chapelle et un autel dédiés au saint patron, sous les auspices duquel elle avait placé sa profession, qu'elle avait choisi comme modèle sur la terre, et pour protecteur dans le Ciel. D'ailleurs, les chapelles latérales parurent aux architectes de nos églises du quatorzième siècle, tellement nécessaires aux grands édifices, que souvent ils en ajoutèrent en sous-œuvre aux églises bâties au treizième siècle. C'est ce qui arriva à Saint-Germain-l'Auxerrois, dont le chœur et le portail occidental sont de l'époque de Philippe le Bel, c'est-à-dire de 1286 à 1314, et où les chanoines voulant se réserver la libre pratique du chœur pour leurs nombreux offices quotidiens, trouvèrent commode de reléguer, dans une chapelle collatérale, le service divin de la paroisse dont ils avaient consenti l'érection dans leur collégiale, depuis déjà environ un siècle. Le chapitre abandonna aux paroissiens, dirigés par un clergé à part, les deux contre-nefs du sud, et leur dressa un autel attaché au mur de refend du croisillon méridional. La dernière travée de ce collatéral fut reprise et ornée à la fin du quinzième siècle ; et, au commencement du seizième, on bâtit auprès, pour les besoins de la paroisse, cette petite sacristie voûtée en arête faisant saillie auprès du portail des prêtres, que nous avons vue longtemps travestie en boutique de chaudronnier, et dont la démolition, en 1838, fut la première opération des travaux de restauration générale de l'église.

C'est une erreur partagée par quelques personnes, et qui a été

---

(1) Voir Muratori, docteur du collége ambrosien, dans l'ouvrage intitulé : *Anecdota quæ ex ambrosiana bibliotheca*, etc., 17e et 18e dissertations. — Bergier, *Dictionnaire théologique*, article *Chapelle*.

accréditée par un des plus savants archéologues de notre temps, de penser que cette chapelle paroissiale fût, dès l'origine, dédiée à la Sainte-Vierge (1). Rien, dans les vieux titres de la fabrique, conservés aux archives du royaume, et que nous avons compulsés, n'autorise à admettre cette croyance. Il suffit de regarder la clef de voûte au-dessus de l'autel, où dans une délicate découpure est ciselée une statuette d'évêque crossé et mitré, pour être convaincu que cette figure ne peut être autre que celle du patron titulaire Saint-Germain d'Auxerre, d'où il résulte que la collégiale ainsi que la paroisse étaient logiquement sous le même vocable. Plus tard, lorsque la population territoriale eut atteint le terme de son accroissement, et qu'il ne fût plus possible de la contenir dans le collatéral sud, le chapitre lui abandonna les deux contre-nefs du nord, dont le principal autel, dédié à la Passion, à Notre-Dame-de-Pitié et à saint Vincent, diacre, second patron de l'église, devint comme une succursale de l'autel paroissial dédié à Saint-Germain (2). La preuve la plus irrécusable de l'exactitude de nos assertions, c'est que le titre de chapelle de la Vierge, appliqué à l'autel désigné aujourd'hui sous ce vocable, ne se trouve dans aucun acte antérieur au dix-septième siècle ; que, dans les premières années de ce siècle, la chapelle septentrionale, et même le collatéral tout entier sont nommés dans les rescrits capitulaires, épitaphiers, contrats et registres de fabrique, la vieille paroisse Saint-Vincent, ou, simplement, l'*ancienne paroisse*, et le collatéral sud y est appelé *la grande Chapelle* ou *Chapelle de la Paroisse*.

Ainsi que nous le disions ci-dessus, deux clergés distincts desservaient le même temple, mais dont l'un primait sur l'autre, non sans qu'il surgit entre eux de fréquentes difficultés ou des procédures ; c'était, en quelque sorte, deux églises dans le même édifice. Il reste un souvenir fort curieux de cette double hiérarchie cléricale à la clef du quatrième berceau de voûte de ce contre-collatéral sud, dit, autrefois, *de la Paroisse*, et, aujourd'hui,

---

(1) *Revue française*, tom. XII, pag. 291.

(2) Cette chapelle, ornée d'un rétable en bois sculpté, au seizième siècle (1500), en Belgique, donné par le ministre de l'intérieur et provenant du cabinet de feu M. de Bruges-Duménil, porte aujourd'hui le titre de *Notre-Dame-de-la-Compassion*. Elle a été, pendant environ cent soixante ans, la chapelle du conseil d'Etat.

depuis 1638, *de la Sainte-Vierge* : c'est l'œillard par lequel on montait la cloche paroissiale dans la petite flèche ou campanille, qui se dressait au-dessus du comble, parce que le chapitre s'était aussi réservé l'usage de la tour et des huit cloches qu'elle renfermait. L'extrême petitesse du diamètre de cette ouverture témoigne de la parcimonie avec laquelle le chapitre réglait le poids des cloches dont il permettait l'usage aux églises ou chapelles sur lesquelles il exerçait sa primauté (1). Un bas-relief, sculpté en bois et autrefois doré, d'une bonne facture du quatorzième siècle, représentant la Cène, avait été posé tout simplement, en guise de tampon, sur l'extrados, pour fermer l'orifice de l'œillard, de telle sorte que cette curieuse sculpture était demeurée longtemps ignorée dans la sombre épaisseur de ce trou évidant la clef de voûte. On retrouva des traces de dorure sous l'épais badigeon qui cachait la finesse du travail. La forme et la dimension de ce bas-relief, découvert en 1839, par M. Lassus, architecte, semblent indiquer qu'il a pu être disposé pour boucher l'orifice à fleur de la clef ; à moins qu'il n'ait servi à cet usage qu'après avoir été détaché accidentellement de la clef de voûte latérale, à droite du porche, clef dont la circonférence est identique à celle de ce bas-relief, qu'on a eu l'heureuse idée de coller, en 1846, sur cette clef du porche qui était demeurée lisse.

Ainsi l'église Saint-Germain-l'Auxerrois, dont le chevet date des premières années du seizième siècle, et affecte la forme polygonale, n'ayant point de grande chapelle terminale, l'autel paroissial fut placé sous l'invocation de la Sainte-Vierge, et choisi à cet effet, comme étant le lieu le plus éminent, suivant les termes du célèbre édit de Louis XIII, du 10 février 1638, par lequel ce pieux monarque mit sa personne et son royaume sous la protection de Marie.

La chapelle de la Sainte-Vierge comprend toute la contre-nef, depuis le bras du transsept jusqu'au mur de retraite du portail occidental, et les quatre travées de ce côté qui étaient elles-mêmes des chapelles ayant leur autel particulier, et sur lesquelles nous

---

(1) Le chapitre de Saint-Germain-l'Auxerrois accorda bien à l'hôpital des Quinze-Vingts, cette charitable institution fondée par saint Louis, la permission d'avoir deux cloches, mais sous la condition qu'elles ne pèseraient que *cent livres* chacune. (Jaillot, *Quartier du Palais-Royal*, pag. 52.)

reviendrons ci-après : cette chapelle est la plus ancienne de l'église, puisque toutes les autres ne remontent pas au delà du seizième siècle. Elle appartient au style secondaire et de transition du quatorzième au quinzième siècle. Elle pourrait bien avoir été commencée sous la domination anglaise, peut-être vers le même temps où Jean Gaussel construisait le porche ; car elle date, à peu près, par sa physionomie caractérisant le système ogival rayonnant, des règnes de Charles VI et de Charles VII, c'est-à-dire de 1380 à 1463. C'est donc avec une parfaite entente de l'art et de la science archéologique que M. Lassus a introduit, dans la restitution monumentale des fenêtres de ce côté, les divisions et les formes des meneaux appartenant à la fin du quatorzième siècle, et les rosaces à redans, type essentiel du style ogival de cette époque (1).

Le chapitre de Saint-Germain-l'Auxerrois semble avoir voulu distinguer cette partie de son église affectée au culte paroissial, par un luxe tout particulier d'ornementation. Les arceaux du sanctuaire de la Vierge, formés de nervures prismatiques, se ramifient à l'intrados de la voûte et retombent en anse de panier sur les pendentifs. La pointe de jonction des liernes et tiercerons est ornée d'une clef en rosace finement découpée, au milieu de laquelle se dessine la statuette de saint Germain. Cette clef, qui était dorée, est entourée d'une nervure prismatique en forme de vaste couronne. Du reste, l'affaissement remarquable de cette voûte fort basse et qui s'incline vers la terre au lieu de s'élever hardiment vers le ciel comme au treizième siècle, caractérise la décadence de l'architecture ogivale, et démontre qu'elle avait déjà beaucoup dévié de sa voie normale à l'époque de cette construction.

La structure singulière de cette chapelle a fixé particulièrement l'attention de Sauval. Cet historien, ordinairement si sobre de détails d'archéologie descriptive, en a fait dans ses antiquités de

---

(1) L'harmonie est assurément une condition d'une rigueur absolue, et nous reconnaissons que rien ne défigure autant un vieil édifice que des restaurations incohérentes ; mais, au point de vue d'une restauration savante et consciencieuse, on ne considérera point comme étant d'une vraisemblance logique, et comme une application sévère des théories de l'art monumental, l'introduction de ces divisions du quatorzième siècle dans les fenêtres du collatéral nord en regard de celles de la Sainte-Vierge ; fenêtres dont les baies sont du seizième siècle. (Voir *Revue archéologique*, tom. 1, pag. 254 et suiv.)

Paris, une mention qui peut passer pour une curieuse relique de terminologie et de linguistique de la seconde moitié du dix-septième siècle. « La voûte de la chapelle de la paroisse est si plate, dit-il, et si accroupie, qu'elle semble suspendue en l'air ; ses ogives, liernes et tiercerets sont encore menés avec assez de grâce et ont une montée aussi douce qu'égayée. De plus, huit pendentifs bizarres les tiennent liés ensemble vers le milieu, et autour de ces pendentifs règne une couronne soutenue d'autant de rampants, dont les uns sont taillés en rosaces, les autres contournés en forme d'ancre double avec beaucoup de saillie, et tous ensemble figurent assez bien ces fleurons dont on rehausse la couronne de nos rois, tellement qu'ils rendraient cette voûte non moins estimable pour le trait que pour le caprice des enrichissements, s'ils ne commençaient point à se démentir (1). »

Les autres voûtes de ce contre-collatéral sont croisées de nervures prismatiques ou diagonales, qui vont se pénétrer dans le fût des piliers dont la forme est tantôt une colonne isolée, ou bien un faisceau de colonnettes. Ces piliers sont ornés d'un chapiteau à feuilles frisées formant des bouquets disposés sur deux rangs. Le pilier à gauche du sanctuaire diffère de tous les autres par sa forme elliptique ; ses arêtes saillantes et ses gorges arrondies reproduisent les moulures de l'archivolte dans leur forme et leur arrangement. Le chapiteau, délicatement refouillé, qui pourtourne ce pilier, est décoré de feuillages, d'hommes et d'animaux grotesques évidés dans la masse avec beaucoup d'art et d'originalité.

Les quatre travées qui s'ouvrent sur le collatéral de la Sainte-Vierge étaient jadis, comme nous l'avons dit ci-dessus, quatre chapelles ayant leurs vocables. Quelques fragments de peintures et de sculptures semblent avoir survécu aux désastres et aux remaniements du dernier demi-siècle, pour nous donner une idée du genre et de la simplicité de leur décoration. La première de ces chapelles, auprès de l'autel de la Vierge, sous le double vocable de saint Jean l'Évangéliste et de saint François d'Assise, fut, jusqu'en 1638, la chapelle sépulcrale de Michel Sarrus, conseiller au parlement et de sa famille. La clef de voûte est délicatement découpée à jour.

---

(1) Tom. Ier, liv. IV, pag. 303.

On entrait par cette chapelle dans la sacristie de la paroisse construite en hors-d'œuvre et démolie en 1838.

La seconde chapelle, du titre de Saint-Jacques-le-Majeur et des Cinq-Saints, avait anciennement une certaine importance. A son autel étaient réunies plusieurs chapellenies. Dubreul, dans sa liste des *huit vingt-cinq seigneurs* qui prétendaient droit de justice et censive dans Paris, cite « la chapelle des Cinq-Saints à Saint-Germain-l'Auxerrois (1). »

La troisième chapelle dédiée à saint Laurent, diacre et martyr, était, au seizième siècle, le siége d'une *confrérie des trépassés*, dont il nous reste deux curieux souvenirs : le premier retrouvé sous un retable en menuiserie moderne, brisé par l'émeute en 1831, se compose d'un groupe de trois statues peintes et dorées supportées par trois élégants culs de lampes, formés de rinceaux de vigne avec feuilles et grappes. Au milieu, la Sainte-Vierge, assise sur un siége à bras et dossier, tient l'enfant Jésus. A sa droite, un évêque, également assis et coiffé de la mitre (probablement saint Germain d'Auxerre), tient un livre. A gauche, un diacre debout, peut-être saint Vincent de Sarragosse ou saint Laurent, titulaire de la chapelle, et vêtu de l'aube, du manipule et de la dalmatique. Il tient aussi dans ses mains un livre ouvert. Sur la tranche du socle sur lequel repose la Vierge, on lit cette légende écrite en caractères scolastiques contemporains de la statue : *S. Mater Domini, memento mei.* Sur le socle inférieur, on lit cette autre inscription tracée en or comme la précédente, mais en capitales romaines : « Ceste chapelle fust terminée du vivant de Jean Blondel, maître de la confrérie des trespassés. 16.... »

Sur le mur en regard de ce groupe on a découvert en 1838, sous plusieurs couches de badigeon un fragment de peinture rehaussée d'or, exécutée au seizième siècle, représentant la résurrection des morts (2). A la clef de voûte de cette chapelle est sculpté en relief

---

(1) *Antiquités de Paris*, pag. 1081 et suiv. Le vocable de Saint-Jacques avait été donné à cette chapelle dès le moment de sa construction, au quinzième siècle, en mémoire du patronage du chapitre de Saint-Germain-l'Auxerrois sur l'église et l'hôpital Saint-Jacques, bâtis dans sa censive vers 1520, à l'angle des rues Saint-Denis et Mauconseil. C'est par ce même motif que l'effigie de cet apôtre est sculptée à la première clef de voûte de la grande nef, au-dessus de l'orgue.

(2) La scène se passe dans un cimetière au milieu duquel s'élève, sur plusieurs

l'image de saint Christophe, qui traverse un torrent en portant sur ses épaules le Sauveur enfant (1).

La chapelle de Saint-Laurent, dite *des Trépassés*, fut pendant longtemps le lieu de la sépulture des membres de la famille des Phelipeaux de Pontchartrain qui a donné à la France un chancelier, onze secrétaires d'État, et plusieurs officiers ou commandeurs des ordres du roi. Une autre famille non moins illustre par son ancienneté et les grands hommes qu'elle a produits : celle des Mailly, qui tire son nom d'une terre auprès d'Amiens et est alliée de la précédente, avait par cette raison plusieurs de ses membres ensevelis dans ce même caveau, où leurs ossements arrachés de leurs cercueils de plomb, en 1793, ont été retrouvés gisants sur le sol en 1838. Ainsi, si par une heureuse coïncidence, l'édilité de M. le comte de Rambuteau, aujourd'hui préfet de la Seine, qui du chef de sa mère, née de Mailly, appartient à la famille des Phelipeaux de Pontchartrain, est singulièrement illustrée par la magnifique restauration de Saint-Germain-l'Auxerrois ; l'incessante sollicitude de ce magistrat pour la conduire à son terme était due

---

degrés, une haute croix dorée portant, dans une auréole, l'image symbolique de l'agneau. Un squelette humain gît sur le premier plan. Plusieurs anges en aubes et en chapes descendent dans ce champ de la mort ; un autre, couvert d'une riche dalmatique, s'occupe à réunir tous les ossements épars, tandis qu'un autre de ces messagers célestes encense tous ces débris qui furent des temples du Saint-Esprit. Plusieurs corps semblent se ranimer. Quelques femmes ayant la tête couverte de coiffes blanches sont à genoux au pied de la croix, rendant grâces à Dieu de leur résurrection subite. Au simple aspect de cette composition singulière, on voit que l'artiste n'avait aucune idée de la perspective. Il est à désirer néanmoins que ce curieux fragment soit conservé comme un *specimen* de l'art au seizième siècle.

(1) C'était une croyance populaire au moyen âge que quiconque avait vu une image de saint Christophe était préservé de maladie contagieuse et de mort subite ou accidentelle ; de là vint l'usage de multiplier ses statues, de le représenter d'une grandeur colossale pour être aperçu du plus grand nombre, et de le mettre, pour cette raison, au portail et à l'entrée des églises. C'est ainsi qu'il était représenté dans la nef de Notre-Dame de Paris : sa statue avait 28 pieds de hauteur. Celle qu'on voyait avant 1768, dans la cathédrale d'Auxerre, était encore plus gigantesque. Nous pensons que c'est le même préjugé qui a fait sculpter l'image de saint Christophe sur une clef de voûte à Saint-Germain-l'Auxerrois. (Voir Pinius, *In actis sanctorum*, t. VI, pag. 185. — *Mémoire sur les statues de saint Christophe*, par André Mignot. — *Journal de Verdun*, août 1768, pag. 119 et suiv. — Gilbert, *Histoire de Notre-Dame de Paris*, pag. 176 et suiv.)

à bien des titres, à cette église, où reposent une notable partie de ses aïeux. Dans les derniers temps, on désignait cette chapelle sous le nom de Sainte-Anne, parce que le tableau de l'autel représentait cette sainte apprenant à lire à la Vierge enfant.

La quatrième et dernière chapelle du collatéral de la Sainte-Vierge était sous le vocable de *Saint-Denis l'Aréopagiste*. Le chapelain bénéficier chargé de la desservir aux seizième et dix-septième siècles, figure aussi dans le catalogue précité des huit vingt-cinq seigneurs prétendant justice et censive dans Paris. Cette chapelle, ainsi que nous l'avons dit plus haut, doit demeurer désormais comme les autres sans autel et sans destination propre. Néanmoins M. le curé y a fait placer récemment, sous le titre de *Notre-Dame-de-Bonne-Garde*, la statue de la Sainte-Vierge, qui était seule demeurée intacte sous ce collatéral à la suite des profanations de l'église en 1831.

Quant à l'autel principal de la chapelle de la Sainte-Vierge il est resté peu de choses de son premier caractère par suite de l'idée qu'on a eue de supprimer, en 1844, le rétable de menuiserie en style grec qui était, il est vrai, bien dégradé et surtout en discordance avec l'ordonnance et le style de la chapelle; mais qui était cependant le premier ex-voto qui fut érigé dans une église à l'occasion du vœu de Louis XIII. Ce rétable se composait de deux ordres d'architecture superposés, avec colonnes cannelées et rudentées. Le second ordre en attique était couronné par un fronton obtus. Cette partie centrale était flanquée de deux chambranles dont les panneaux ornés de pilastres corinthiens contenaient des tableaux oblongs représentant les saints patrons Germain et Vincent, peints par Philippe de Champagne. Suivant le goût dominant de l'époque, ces deux parties latérales du retable étaient amorties parallèlement par un cartouche armorié de France et de Navarre (1) et soutenus par deux enfans nus, d'une stature extrêmement lourde. Le centre était rempli par un tableau en contre-retable, représentant l'Assomption, dû aussi au pinceau de Philippe de Champagne. L'autel et sa balustrade étaient enrichis de marbre et de porphire. Nous avons trouvé dans les anciennes archives paroissiales conser-

---

(1) Lors de la restauration du retable, en 1812, les blasons furent remplacés par les monogrammes des patrons.

vées aux archives du royaume, le chiffre approximatif de toutes ces disparates somptuosités, résumé dans cette note : « cette grande chapelle et maistre autel de la paroisse a été refaite et reconstruite de neuf ès années 1638, 1639, 1640 et 1641, des deniers de la fabrique, dont la dépense monte à plus de dix mille livres, ainsi qu'il appert par le compte de M. de Launay, marchand orfévre, marguillier. » (A. registre, L. 930, sect. hist.)

En 1793, Saint-Germain-l'Auxerrois, subissant le sort commun de toutes les églises, fut complétement dévastée. Le banc d'œuvre, la chaire, les stalles du chœur, les retables de quelques chapelles et notamment celui de la Vierge échappèrent seuls au désastre, mais non sans subir des mutilations. Ce dernier monument souffrit cependant beaucoup plus que les autres, parce que l'église ayant été transformée en atelier pour la fabrication du salpêtre, c'était dans la chapelle de la Sainte-Vierge qu'on avait établi les fourneaux et appareils d'ébulition nécessaires à cette manutention. Lorsque le culte fut rétabli dans l'église, au mois de juin 1795, on se borna à y faire les travaux d'appropriation les plus indispensable; mais ce ne fut qu'en 1812 que le rétable de la Sainte-Vierge fut restauré et peint en marbre blanc veiné réchampi en or. Une niche en cul de four avait remplacé le tableau de l'Assomption de Philippe de Champagne : on y plaça la statue de la Vierge connue aujourd'hui sous le titre de Notre-Dame-de-Bonne-Garde, sculptée dans les ateliers de Travers, à qui elle fut payée 400 francs par la fabrique. (Registre de la fab. année 1812) (1).

Pendant les trois journées de 1830, et à la suite des fusillades échangées entre les suisses de la garde royale postés sous la colonnade du Louvre, et leurs assaillants qui s'étaient embusqués dans l'église, convertie en ambulance, le collatéral de la Sainte-Vierge fut transformé en salle des morts. Nous y exerçâmes, volontairement, une douloureuse mais charitable mission, celle de faire enlever ces cadavres, étendus sous les voûtes sacrées, pour

---

(1) Les deux tableaux latéraux représentant les patrons, si maltraités par les émeutiers de 1831, avaient été fournis, aussi en 1812, par la maison Giroux, rue du Coq, au prix de 144 francs, ce qui n'a pas empêché quelques topographes de notre temps de signaler ces tableaux, dans leurs livres, comme étant l'œuvre de Philippe de Champagne.

leur donner la sépulture (1). Cette circonstance fut comme une sorte d'initiation aux scènes désastreuses qui devaient s'accomplir sept mois après dans cette même église.

Le 15 février 1831, sous le prétexte du service funèbre célébré le 14, en commémoration de la mort du duc de Berri, on vit une horde furieuse entrer dans l'église, après en avoir forcé les portes, et la dévaster systématiquement pendant quelques heures, avec une persistance d'autant plus remarquable que, malgré les menaces hautement proférées la veille, on n'opposa aucun obstacle à ce vandalisme profanateur (2). La chapelle de la Sainte-Vierge fut ravagée, le retable endommagé et l'autel entièrement brisé. La statue de Marie, seul objet providentiellement préservé, demeura durant six années debout sur son piédestal, au milieu des ruines silencieuses, comme pour protéger l'église elle-même, dont la destruction devint une question ardente, qu'on agita pendant quatre ans. L'ordonnance royale qui ordonna la réouverture de Saint-Germain-l'Auxerrois a été attribuée, par des âmes ferventes, aux vives prières que, malgré les scellés de la police, quelques pieux fidèles vinrent faire secrètement aux pieds de l'auguste image.

Considérée au point de vue de l'art, cette statue en bois peint, offre peu d'intérêt assurément. Elle ne pouvait par son style moderne, entrer dans le nouveau système d'ornementation moyen âge de la chapelle : mais elle devait être pieusement conservée à cause

---

(1) « J'avais été prévenu que dans l'église de Saint-Germain-l'Auxerrois, où était établie une ambulance, se trouvaient des corps morts. J'y allai.... Nous trouvâmes le vénérable curé, M. Magnin, occupé à donner des soins aux blessés et à leur offrir les consolations de la religion.... M. le curé interrompit son charitable ministère pour venir mettre à ma disposition les corps de ceux qui avaient succombé. Nous traversâmes l'église, et nous trouvâmes dans la petite chapelle Sainte-Anne sept cadavres.... et, à quelques pas plus loin, sept autres cadavres... Il nous était réservé de voir, dans ce lieu de prière, une scène encore plus déchirante. M. le curé me prit par la main et me conduisit vers le bas de l'aile de l'église où se trouve la chapelle de la Sainte-Vierge. Là, nous vîmes un infortuné couché sur un matelas....; il avait la moitié de la figure et l'œil droit enlevés. Il respirait encore et faisait entendre le râle de la mort. » (Troche, *Notice historique sur les inhumations provisoires faites sur les places du Louvre et des Innocents, en juillet 1830, page 19*; Paris, Delaunay, 1837.)

(2) *Procès du service funèbre célébré à Saint-Germain-l'Auxerrois le 14 février 1831*; introduction, p. II, in-8°. Paris, Dentu.

de l'idée de protection miraculeuse qui s'y rattache, et c'est une heureuse pensée qu'a eue M. l'abbé Demerson, curé de Saint-Germain-l'Auxerrois, d'honorer spécialement cette croyance reposant sur une particularité qui revenait toujours à la pensée du vénérable archevêque de Paris, monseigneur de Quélin, lorsqu'il parlait de la profanation de notre église (1).

La fièvre du vandalisme étant une fois passée et l'église rendue à sa sainte destination, il était rationnel de réparer, au moyen d'une ornementation fraîche et intelligente, les atteintes portées particulièrement à la chapelle de la Sainte-Vierge. Le style lourd et disparate du retable classique du règne de Louis XIII, était déjà depuis longtemps tombé en discrédit dans l'esprit de ceux qui ignoraient l'intérêt historique qui s'y rattachait. Les tableaux latéraux, percés de coups de baïonnettes, et lessivés ensuite par un restaurateur mal adroit, tombaient en suspicion, parce qu'ils n'étaient plus en effet ceux de Philippe de Champagne. Seulement était-il par cela même logique et absolument indispensable de détruire ce monument d'architecture de la première moitié du dix-septième siècle? c'est une question que nous examinerons en son lieu (2). Dans cet état de choses et d'appréciation on résolut, pour répondre à l'importance de la restauration architecturale de l'église, de créer, pour cette chapelle, une historiation en rapport avec l'ordonnance du collatéral, et de marier ensemble des parties hétérogènes : la sculpture sur pierre polychrome, et la peinture à la fresque et à la cire, déjà employées avec plus ou moins de bonheur dans trois des chapelles absidiales ; la vitrerie peinte et historiée devant en outre compléter par ses splendeurs ce grand poème des gloires de la Reine du ciel. Lors des fouilles qui furent faites en 1839 pour la reprise en sous œuvre du mur de flanc de la chapelle de la Sainte-Vierge, on

---

(1) N.-M. Troche, *Monographie* inédite *de Saint-Germain l'Auxerrois* ; chapelle n° 18 du plan, ancien autel paroissial et collatéral de la Sainte-Vierge.

(2) Avec une partie des débris de ce monument du règne de Louis XIII, on vient de composer un retable pour l'ancienne chapelle funèbre d'une branche de la famille des Rostaing, dite aujourd'hui de Saint-Louis, la seconde en montant, au nord du chœur portant le n° 6 du plan ichnographique de l'église. Le style et le caractère de cette chapelle, dont la construction remonte à l'année 1575, aurait pu faire éviter de commettre un anachronisme, si on s'était rappelé les prescriptions de l'école archéologique au sujet des restaurations monumentales.

trouva parmi d'autres débris d'architecture, une pierre sculptée en demi-relief, dont on avait fait une dalle en la retournant du côté lisse. Cette pierre, qui a pu faire partie du retable de l'ancien autel paroissial au quatorzième siècle, offrait une arcature en ogives trilobées, dont les archivoltes reposaient sur des colonnettes multiples avec chapiteaux. Le champ de chaque travée contenait une figurine tellement fruste, qu'il était impossible d'apprécier quels bienheureux elles représentaient. C'est peut-être ce monument informe qui inspira la première idée d'une nouvelle décoration ogivale. Un premier projet de retable moyen âge avait été étudié par M. Lassus; mais l'examen de cette ancienne sculpture locale le détermina à modifier le style qui avait été d'abord adopté, et cette modification fut approuvée par M. le ministre de l'intérieur, le 19 août 1843.

Marie, la mère du Sauveur, étant la vierge par excellence, et le type de la perfection parmi toutes les créatures sorties de la main de Dieu : le thème de cette parure chrétienne dans la vieille église de nos rois devait unir l'art et la foi, la croyance et le sentiment. Il devait nécessairement comprendre les prophétiques merveilles qui annoncèrent cette *Vierge puissante* dans les temps anciens ; la suite de ses royaux ancêtres et de sa sainte parenté; les principales circonstances qui signalèrent sa vie ; la gloire de sa maternité divine ; sa mort précieuse, son glorieux couronnement, ses mystiques emblèmes, et l'hommage que lui rendent les nations dans les sublimes invocations de la liturgie catholique.

Saint Bernard a dit que les peintres font autant par leurs tableaux que les orateurs par leur éloquence (Homélie XXe); or, pour rendre tous ces mystères de l'amour divin suivant la magnifique vocation des arts, deux facultés étaient indispensables : l'inspiration et la science de l'iconologie chrétienne. Grâce à la réaction qui s'étend en s'affermissant chaque jour, et à la perspicacité des artistes éminents qui viennent d'associer leurs talents à cette ornementation qui marquera notre époque : ces divines légendes sont maintenant traduites, ou du moins indiquées autour de la chapelle, où de tous côtés se révèle une pensée de foi et d'amour. A part la confusion de l'architecture et de la sculpture avec la peinture, et quelques légères imperfections dans certains détails d'unité, on voit qu'ils se sont appliqués à suivre les glorieuses traditions des belles époques de la synthèse catholique. Cette mystérieuse histoire de Marie se développe aux yeux des fidèles, pure de tout éclectisme, dans le retable, le mur de fond et les cinq verrières du contre-collatéral. Au reste l'explication historique et morale des sujets de cette ornementation, véritable singularité artistique, pourra servir à la critique pour formuler un jugement, et décider si cette œuvre a noblement répondu aux espérances que faisaient concevoir des artistes aussi distingés que MM. Lassus, architecte; Amaury Duval, peintre d'histoire; et Maréchal, de Metz, peintre verrier, à qui l'exécution en a été confiée.

L'ordre chronologique que présentent les sujets de cette ornementation vraiment mystique, et la position qu'ils occupent dans les verrières, le retable et l'autel, nous amènent à faire figurer en première ligne les vitraux où M. Maréchal a placé dans les grands jours des fenêtres quinze des aïeux de Marie, depuis le patriarche Abraham jusqu'à Zorobabel, ce courageux descendant des rois de Juda, qui se mit à la tête des Juifs captifs en Babylonie, et les ramena dans leur patrie. Tout en tenant compte de l'exiguïté du cadre qui n'a point permis d'étendre cette généalogie, elle n'en paraîtra pas moins bien abrégée à ceux qui savent que l'hagiographie nomme soixante-douze aïeux de la Sainte-Vierge.

Nous n'avons à nous occuper dans ce paragraphe que de l'ordonnance générale de ces tableaux diaphanes : ordonnance qui est uniforme dans les quatre fenêtres de flanc, pour le choix des ornements principaux et le système de distribution symétrique. Les figures de ces mêmes fenêtres sont en pied; elles se détachent sur un fond ou trône d'architecture gothique, mais pas assez pour faire bien ressortir les draperies et faire valoir l'effet des clairs et des ombres. Les dais qui abritent chaque personnage, dont six sont assis, simulent un petit ouvrage de fortification crénelé, amorti de flèches tuilées et couronné de tourelles. Toutes ces figures tiennent un large lambel ou philactère sur lequel est inscrit, en minuscules gothiques, une légende biblique relative au personnage, ou le texte de ses prophéties qui se rattache le plus à la Sainte-Vierge. Dans la fenêtre en retraite, les grandes figures se détachent sur un fond fleuri d'une végétation vigoureuse et abondante. Comme la chaste épouse du Saint-Esprit reflète dans sa seule personne tout ce que les femmes les plus célèbres de l'ancienne loi avaient offert à l'admiration de leurs contemporains :

l'artiste, avec une sage entente de la symbolique, a introduit dans les rosaces et les réseaux des ogives, sept de ces femmes justes, depuis Ève, notre commune mère, jusqu'à la prudente Esther : femmes qui ne furent cependant que des types très-imparfaits de celle qui devait réunir toutes les perfections de la femme et de l'ange. Les lobes fleuris pourtournant la périphérie des rosaces, forment autour de ces figures en buste, comme une sorte de gracieuse couronne, dont les types ont été choisis dans la floraison iconologique du moyen âge. Les jours en écoinçons entre les réseaux de l'ogive, sont aussi remplis par des verres coloriés à fleurs. Puis auprès, dans les trèfles, brillent huit de ces magnifiques symboles par lesquels les livres saints font allusion aux trésors de vertus et de grandeur dont il a plu à Dieu de combler cette Fille du Roi des rois, dont le Prophète a dit : « Vous serez une couronne de gloire dans la main du Seigneur, et un diadème royal dans la main de votre Roi (1). » Des rubans flamboyants ou sorte de banderolles, ornement fort inusité au quatorzième siècle qu'on a voulu reproduire ici, sont placés au-dessous de ces emblèmes, dont le sens profond popularisé par l'hagiologie, la littérature et l'art du christianisme chez nos ancêtres, est ici interprété par les légendes prophétiques inscrites sur le champ de ces rubans. Telle est la disposition générale et constitutive des vitraux de la chapelle de la Sainte-Vierge, dont la mystique poésie n'est qu'un démembrement d'un tout aussi remarquable par son unité que par la diversité des détails. Passons maintenant à l'indication des sujets représentés dans chaque verrière et à leur analyse esthétique.

Dans les jours de la première fenêtre, au bas de la chapelle, apparaissent trois patriarches, dont deux sont reconnaissables par les attributs qui les caractérisent. *Abraham* tient le glaive destiné à l'immolation de son fils. *Isaac*, jeune homme imberbe, bien qu'il eût vingt-cinq ans alors, tient auprès de lui le bois de son sacrifice. Quant à *Jacob*, remarquable seulement par sa face maigre et osseuse, qu'une barbe à deux pointes fait paraître encore plus austère, il ne se distingue par aucun signe iconologique, à moins que, par son atti-

---

(1) Et eris corona gloriæ in manu Domini et diadema regna in manu Dei tui. » (Is., cap. LXII, 3.) — L'hagiographie connaît quinze symboles mystiques des grandeurs et des vertus de Marie.

tude un peu forcée, l'artiste ait voulu indiquer que ce patriarche était devenu boiteux lorsque, luttant avec un ange, ce pur esprit qui avait pris une forme humaine, ne pouvant le surmonter, lui toucha le nerf de la cuisse qui se sécha aussitôt. Dans les baies de l'ogive on distingue *Ève*, la première femme; cette mère de tous les vivants est parée de toutes les grâces de la jeunesse; *Sara*, sœur de Loth, femme d'Abraham et mère d'Isaac, allaitant le fils de sa vieillesse; puis à côté, *Rebecca*, femme d'Isaac, mère de Jacob et d'Esaü.

Dans la deuxième fenêtre, *Jessé* ou Isaïe, fils d'Obed et père de David, s'appuie sur un cep de vigne, emblème mystérieux de Marie et de l'Église; parce que Isaïe, fils d'Amos, prophétisa qu'*il sortirait une branche de la racine de Jessé, et qu'une fleur naîtrait de cette racine* (1). Or, cette branche est la Sainte-Vierge, et la fleur Jésus-Christ son fils. Le personnage suivant est *David*, huitième fils de Jessé, roi et prophète : Il est vêtu des insignes royaux, la couronne en tête et tient dans ses mains la harpe sur laquelle il chantait la gloire et la miséricorde du Seigneur dans ses admirables psaumes. Puis, vient *Salomon*, troisième roi des Juifs, fils de David et de Bethsabée, sacré du vivant de son père. Il est couronné et tient le sceptre, ainsi que les autres rois venant ensuite suivant l'ordre chronologique. Au-dessus, dans la rosace, *Jahel*, femme de Habert, cinéen, tient dans sa main le clou qu'elle enfonça, pendant qu'il dormait, dans la tête de Sisara, général de l'armée de Jabin, roi des Chananéens, et délivra ainsi les Israélites de la tyrannie de Jabin. Dans le trèfle à droite, brille une étoile : *Stella matutina*. Balaam voyait la Vierge divine à travers les siècles, lorsqu'il disait : Une étoile sortira de Jacob, et un sceptre s'élèvera d'Israël. » (Nomb. xxiv — 17.) Ce symbole est le sens du nom même de Marie, dit saint Bernard, et ce nom convient parfaitement à la Vierge-Mère; car, ainsi que l'astre projette extérieurement ses rayons sans altération de sa substance, ainsi Marie a conçu un fils, sans que son chaste corps ait rien perdu de sa pureté (2). A tous les instants du jour, et par tout l'univers, cette sublime invocation s'élève vers le ciel : « Stella matutina, ora pro nobis ! » Cette

---

(1) « Egrediatur virga de radice Jesse, et flos de radice ejus ascendet. » (Cap. XI. — 1.)

(2) Serm. de Virgin. Deipar.

hymne, l'une des plus belles de l'église en l'honneur de la mère de Dieu, attribuée à saint Bernard, et qui est à la fois dans tous les cœurs et dans toutes les bouches, salue la Vierge sous le nom d'Étoile : « Ave maris Stella ! » Dans le trèfle à gauche, est figurée la porte mystique : *Porta cœli, porta orientalis*, qui fut montrée au prophète Ézéchiel : « L'ange, dit-il, me fit retourner vers le chemin de la porte du sanctuaire extérieur, qui regardait l'orient, et elle était fermée. Et le Seigneur me dit : Cette porte demeurera fermée, et nul homme n'y passera, parce que le Seigneur Dieu d'Israël est entré par cette porte, et elle demeurera fermée (1). » Cette admirable allégorie signifie que la virginité de Marie est restée intacte et permanente lors et après la conception de son divin Fils.

Dans la troisième fenêtre trônent *Roboam*, fils de Salomon et de l'Ammonite Naaman, roi qui par imprudence perdit la plus grande partie de ses Etats; puis *Josaphat*, fils d'Asa et son successeur dans le royaume de Juda, où il fit refleurir le culte du vrai Dieu ; et *Joas*, fils d'Ochosias, roi de Juda, et petit-fils d'Athalie, que cette reine cruelle excepta seul du massacre de ses petits-fils decendant de David, qu'elle fit mourir pour s'assurer le trône. Dans la rosace, apparaît *Débora*, femme de Lapidoth et prophétesse, qui jugeait sous un palmier les différents des Israélites ; elle chante sur le psaltérion le cantique qu'elle composa à la gloire de Dieu, avec Barac, à l'occasion de la victoire remportée sur l'armée chananéenne par la mort de Sisara, son général (Jug. V). Dans le trèfle à droite s'élève le cèdre du Liban, *cedrus exaltata*. Ce roi de la végétation exprime, par sa hauteur, l'incorruptibilité de son bois, l'abondance de ses fruits, la suavité de son odeur, et la vertu de guérir qu'on lui attribue (2); la grandeur, la puissance, la chasteté, la bénignité et toutes les suréminentes qualités qui distinguent la Vierge divine. Le sens mystique de cet emblème réside dans ces paroles de l'ecclésiastique : « Je me suis élevée comme le cèdre sur le Liban » (XXIV, 17). Dans le trèfle à gauche fleurit le lis mystique de la tribu de Juda : *lilium convallium* (Cant. des Cant.,

---

(1) Ezech., XLIV. — 1 et 2.
(2) J.-H. Burckardt, *Voyage en Syrie et dans la Terre-Sainte*, pag. 19 et 20. Londres, 1822 ; in-4°, fig. et pl.

c. II, 1), cette admirable fleur dont le Sauveur a dit : « Je vous déclare que Salomon, même dans toute sa gloire, n'a jamais été vêtu comme l'un d'eux. » (Math., VI, 29.) Jésus-Christ s'appelle le lis des vallées, dit saint Pierre Damiens, et Marie elle-même est honorée de ce nom, car le sage a dit : Tel qu'est le lis entre les épines : telle est ma bien-aimée entre les filles. (Cant. des Cant., II, 2). »

Le premier personnage de la quatrième fenêtre est *Joatham*, fils et successeur d'Ozias, roi de Juda, et chargé du gouvernement du royaume quelques années avant la mort de son père, à cause de la lèpre dont il avait été frappé pour avoir voulu usurper les fonctions sacerdotales dans le temple de Jérusalem. A côté de ce roi, qui se rendit recommandable par sa piété, apparaît *Ezechias*, fils et successeur d'Achaz, roi aussi soumis au Seigneur dans ses malheurs que dans la prospérité ; il ressentit dans une dangereuse maladie les effets de la protection divine par une prolongation de quinze années de vie. A sa droite siége Manassès, son fils et son successeur, mais qui, loin d'imiter la sagesse de son père, tomba dans des excès dont il ne fit pénitence qu'après avoir subi les plus grandes adversités. Dans la rosace on voit la glorieuse *Judith*, veuve de Manassé, « célèbre partout, dit la Sainte-Ecriture, parce qu'elle craignait le Seigneur. » (Jud., ch. VIII, 8.) Sa couronne de lis fut tachée du sang d'Holopherne (1), dont elle tient le glaive ; mais Judith comblée d'éloges, pour avoir sauvé miraculeusement sa patrie, chanta un cantique au Seigneur pour lui rapporter la gloire de cette victoire. (Jud., ch. XVI.) Cette femme juste est ici véritablement un type, en ce que sa vie toute intérieure s'écoula dans la retraite et la prière comme celle de Marie, à qui s'appliquent également ces paroles que les Juifs adressaient à leur libératrice : « *Tu Gloria Jerusalem, tu lætitia Israel tu honorificentia populi nostri.* » (Jud., XV, 10e.) Le trèfle à droite est remplie par la tige de Jessé, *Radix Jessé*. Suivant le commentaire de saint Ambroise et de tous les saints Pères, la racine est la famille des Juifs, la tige qui en sort figure la vierge Marie, et la fleur qui naît de cette

---

(1) Comme les anciens attribuaient aux lis la puissance de neutraliser les enchantements et d'écarter le danger, Judith ceignit son front d'une couronne de lis pour pénétrer sans crainte dans la tente d'Holopherne. (*Jud.*, ch. X, 3. — *Commentaire des rabbins sur le livre de Judith.* — Serrarius, *Prolégomènes sur Judith.*)

tige est Jésus-Christ (1). La rose de Jéricho, *Rosa mystica*, autre poétique emblème des vertus, des joies et des douleurs de Marie, s'épanouit dans le trèfle à gauche. Saint Jean Damascène, subtil théologien du huitième siècle, faisant allusion à ce symbole, s'écriait : « Vous êtes la véritable rose, vous remplissez la terre de l'odeur de vos vertus (2) ! »

Puis enfin viennent dans la cinquième et dernière fenêtre le pieux roi *Josias*, si aimé de son peuple que tout Juda et Jérusalem le pleura, particulièrement Jérémie, lequel composa des lamentations sur sa mort, qui étaient chantées chaque année par la musique des rois de Juda (3); auprès de lui *Jechonias*, second fils de Joakim, roi de Juda et petit-fils de Josias, mort en captivité à Babylone; puis *Zorobabel*, restaurateur du temple et des sacrifices à Jérusalem après la captivité; fils de Salathiel, et petit-fils de Jéchonias; comme tel mis par saint Mathieu et saint Luc au nombre des ancêtres de Jésus-Christ. Au-dessus, dans la rosace, figure *Esther*, cette illustre juive, qui, par une Providence miraculeuse fut élevée sur le trône d'Assuérus, pour être la cause du salut et de la liberté du peuple de Dieu (4), comme la mère du Sauveur est élevée au sommet des hiérarchies célestes, entre Dieu et les saints, sur un trône à part et plus glorieux que les autres où elle s'est fait notre avocate auprès de son fils tout-puissant. Le trèfle à droite offre l'emblème mystique de la fontaine scellée : *Fons hortorum*; et le trèfle à gauche, celui du puits des eaux vives : *Puteus aquarum viventium*. L'explication de ces deux types sort de ces paroles du Cantique des Cantiques : « Ma sœur, mon épouse est comme une fontaine scellée..... La fontaine de vos jardins est comme le puits des eaux vives qui coulent avec impétuosité du Liban. » (Ch. IV, 12-15). Or, les eaux limpides et abondantes du puits et de la fontaine figurent les grâces miséricordieuses dont la Mère du Rédempteur est la source intarissable. La fontaine scellée est en outre l'ingénieux symbole de sa double qualité de mère et de vierge. Cette

---

(1) S. Ambroise, *de Benedict. patr.*, CIV. — S. Petr. Dam., *Serm. de Nativ.* — S. Bern., *de Adv. Dom*, serm. II, 4.
(2) *Orat. I de Nativ.* — Voyez édition de Paris, 1712 par le père Lequien, dominicain; 2 vol. in-f°.
(3) *Paralipom.*, II, cap. 35. — V. 25.
(4) *Esther*, c. VIII.

fontaine mystérieuse est ici figurée par un petit édifice pyramidal à deux jets, placé au centre d'un bassin hexagone, orné de moulures et de médaillons. La margelle pentagonale, qui borde l'orifice du puits, porte quatre petits pilastres surmontés d'un toit aigu à deux pentes, en forme de pignon à jour. Au-dessous est attaché une poulie garnie de sa corde, à laquelle un seau est suspendu.

Après avoir parcouru cette première série d'ornementation de la chapelle, formant comme un poétique prologue à la pieuse légende de Marie, sans laisser apercevoir les lacunes chronologiques et esthétiques nécessitées par le défaut d'espace pour développer complétement cet immense sujet, il nous reste à aborder le sanctuaire. Là, sur le mur de fond, dans un cadre dont l'étroitesse et le défaut d'élévation montrent l'habileté avec laquelle les artistes ont su en tirer parti, apparaissent dans leur ordre hiératique, sur un champ d'or et d'enluminure, les principales actions et figures du cycle mystérieux de la vie de la Vierge, suivant les traditions apostoliques et l'exégèse catholique (1).

---

(1) Nous avions eu l'intention d'accompagner ce Mémoire d'une gravure au trait, représentant la perspective de la chapelle de la Sainte-Vierge, pour l'intelligence technologique et hiératique de notre description; et, à cet effet, nous avions, au nom des pauvres, fait un appel à l'amitié de M. Lassus. Mais, sans prétendre suspecter sa bonne volonté, nous devons dire ici néanmoins que le dessin qu'il nous a donné trop tardivement, après cinq mois d'attente, offrant des difficultés insurmontables sous le rapport de l'exécution et de la dépense, nous avons été obligé, bien à regret, d'y renoncer et de le réserver pour notre monographie de l'église. Cependant, pour suppléer, autant que possible, à cet ornement presque indispensable de notre publication, un autre artiste charitable a bien voulu nous donner la vignette de son gracieux vitrail représentant les funérailles de saint Landry, évêque de Paris, vers 656, et la translation de ses reliques en 1408 : cérémonies qui s'accomplirent dans l'église de Saint-Germain-l'Auxerrois. La reproduction de ce vitrail, qui fut exposé pendant trois ans (1844-1847) dans l'ancienne chapelle de saint Denis-l'Aréopagite, au bas du collatéral de la Sainte-Vierge, n'est point ici un hors-d'œuvre sans portée : les sujets qui y sont représentés, avec un mérite d'exécution incontestable, appartiennent essentiellement aux fastes historiques de la collégiale de Saint-Germain-l'Auxerrois. On doit donc vivement regretter que l'offre généreuse et gratuite que les auteurs, MM. Aug. Gallimard et Lamis de Nozan en avaient faite, ait été opiniâtrement refusée. On pouvait d'autant plus facilement en décorer le vitrage du fond de la sacristie, qu'un des notables paroissiens, M. J. P., offrait de faire faire une armature convenable et de l'y faire placer à ses dépens. Cependant on pourrait encore l'espérer, puisque les artistes et le bienfaiteur sont toujours dans les mêmes intentions de généreuse libéralité. (Voir ce que nous avons déjà dit sur ce vitrail, dans la *Revue archéologique*, tom. III, 1re partie, pag 418.

L'autel engagé dans le mur, et non plein, est élevé suivant la tropologie des rites sacrés, sur un double degré de quatre marches étagées deux à deux; figure de l'échelle que vit Jacob, dont le sommet atteignait le ciel : puis emblème de l'église militante, parce que l'autel païen ne s'élevait sur aucune marche. Cet autel est en pierre, conformément à l'usage adopté dès le quatrième siècle, lorsque le pape saint Sylvestre eut prescrit que les autels seraient tous de cette matière (1). Semblablement à l'autel de l'église de Saint-Sébastien, *in cryptâ a renaria à Rome*, la table de notre autel repose sur quatre petites piles fort gracieuses, composées de colonnettes séparées par des gorges remplies de feuillages. L'arrière-corps de l'autel offre un renfoncement à trois pans. Le milieu est décoré de cinq bas-reliefs en pierre de liais d'Arcueil, dont les cadres composés de contre-lobes décrivent un quatrefeuilles. Ces bas-reliefs, couverts de peintures polychromes, ont été exécutés par M. Toussaint, sculpteur : ils représentent ce qu'on peut appeler les joies de Marie : l'Annonciation, la Visitation, la Nativité de Jésus-Christ, la Présentation et le Mariage de la Vierge. Ils sont couronnés par une corniche richement feuillagée et régnant sur tout le mur de fond de la chapelle.

Comme on ne doit pas consacrer un autel qui ne contient pas de reliques : sous la pierre sacrée en marbre blanc, encastrée devant le tabernacle dans la table de l'autel symbole du Christ, l'évêque consécrateur a placé une boite de plomb renfermant des reliques authentiques de saint Denis, évêque de Paris, de saint Célestin et de saint Benoît, ainsi qu'il résulte du procès-verbal de cette consécration inscrit au registre des baptêmes de la paroisse pour l'année alors courante (2).

---

(1) Dans la suite la consécration des autels de bois fut défendue par deux conciles, notamment celui d'Épon, au diocèse de Vienne, tenu en 517. Un concile provincial, tenu à Paris en 509, défendit de construire à l'avenir des autels autrement qu'en pierre. (Voir Thiers, *Dissertations sur les autels*, ch. I.)

(2) Nous croyons utile de donner ici la teneur de ce procès-verbal : « † Ce jourd'hui, trente avril mil huit cent quarante-sept, Mgr Emmanuel-Jean-François Verolles, évêque de Colomby, vicaire apostolique de Mandchourie, en Chine, assisté de Mre Jean-Baptiste Demerson, curé de la paroisse royale de Saint-Germain-l'Auxerrois, chevalier de la Légion d'honneur, et de MM. les vicaires et prêtres de ladite paroisse. De Veze, Brunis, Billette, Largentier, Sasserre, Bertheuille, Torra-

Le tabernacle figurant un petit temple de style ogival, cantonné de pinacles aux angles, et décoré de verres émaillés, repose sur la table de l'autel au milieu d'une petite arcature à pignons et fenestrages, dont les fonds sont aussi décorés de verres émaillés.

Le retable qui surmonte l'autel couvre entièrement le mur de fond dans toute la largeur de la chapelle. Il se compose d'une partie principale tenant lieu de contre-rétable dont le centre est occupé par la niche, couronnée d'un dais en pyramide déchiquetée, abritant la statue de la Vierge mère. Marie est couronnée du diadème, elle porte un sceptre surmonté d'une fleur de lis, la robe qu'elle porte est bleu ciel, parsemée de fleurs d'or ; son manteau, couleur de pourpre, est aussi semé de fleurs d'or ; son visage, de de couleur bistre, est un type archaïque de la Vierge qui fait allusion à ce texte du *Cantique des Cantiques* : « Je suis noire, mais je

---

cinta, etc., a consacré l'autel nouvellement érigé en l'honneur de la très-sainte Vierge Marie, mère de Dieu, dans l'église de Saint-Germain-l'Auxerrois, en présence de MM. les membres du conseil de fabrique et d'un grand nombre de fidèles. — Les reliques employées à cette consécration, revêtues du sceau de Mgr l'archevêque de Paris, qui constate leur authenticité, sont des martyrs *saint Denis*, évêque de Paris, *saint Célestin* et *saint Benoît*. Elles sont renfermées dans une boîte en plomb, avec trois gros grains d'encens en larmes, et un témoignage de la consécration écrit sur parchemin et revêtu du sceau de l'évêque consécrateur. Cette boîte en plomb est incrustée dans la table de l'autel, devant le tabernacle, et recouverte d'une tablette de marbre blanc. — Après la consécration de l'autel, Mgr l'évêque consécrateur a offert le saint sacrifice sur ce même autel, et a adressé ensuite aux fidèles une touchante allocution. — Cet autel en pierre, nouvellement érigé et orné de sculptures et de peintures qui provoquent l'admiration de tous, a été exécuté dans le cours de *trois années*, aux frais de la fabrique et du ministère de l'intérieur. Il remplace l'ancien autel en bois qui avait été horriblement mutilé, lors de la dévastation générale de l'église, le 13 février 1831, à laquelle la statue seule de la sainte Vierge avait miraculeusement échappé : cette image sauvée, devenue à toujours un objet de vénération toute spéciale pour les fidèles de cette église, a été placée à l'entrée de la chapelle sous le titre de *Notre-Dame-de-Bonne-Garde*; et celle qui la remplace sur l'autel, parce qu'elle remplit mieux les conditions de l'art en rapport avec l'autel lui-même, provient, par les soins de M. le curé, du presbytère de Radonvilliers, près Brienne-le-Château, en Champagne, d'où M. le curé l'a obtenue, amenée dans son église et placée sur l'autel après les réparations et décorations qu'elle réclamait. — Les peintures à fresque sont de M. Amaury-Duval, de Paris ; et les vitraux qui ornent la chapelle, et qui ont été posés pour la consécration de l'autel, sont de M. Maréchal, peintre-verrier à Metz. Ces divers travaux ont été exécutés sous la direction de M. Lassus, architecte de la fabrique ». (*Suivent les signatures.*)

suis belle comme les tentes de Cédar, comme les pavillons de Salomon, « (Chap. 1. v. 5.) (1).

Le sujet mystique offert par ce retable est l'arbre de Jessé; symbole hiératique pour lequel les artistes du moyen âge ont témoigné une spéciale prédilection (1). Il rendait en effet plus élémentaire et plus sensible à la pieuse intelligence des populations, l'accomplissement de la prophétie annonçant que le Christ sortirait de la race royale de David, en lui montrant d'une manière iconographique la suite des aïeux de Marie, depuis Jessé ou Isaïe, fils d'Obed. Le vieillard de Bethléem, vêtu d'un riche costume semé de fleurs d'or sur un fond bleu, et la tête nue garnie de longs cheveux,

---

(1) D'après l'attitude archaïque de cette image, le groupement de la Mère et de l'Enfant, leurs vêtements, ornements et attributs, cette statue paraît dater de la fin du treizième siècle, ou des premières années du quatorzième. Elle gisait abandonnée, et comme un objet de nulle valeur, dans le jardin du presbytère paroissial de Radonvilliers, près Brienne, diocèse de Troyes, ancienne province de Champagne. L'église de ce village étant d'une structure assez moderne, il est évident que cette statue n'a pu lui appartenir originairement. On pourrait admettre, avec une certaine probabilité, qu'elle doit provenir de l'ancienne abbaye de Basse-Fontaine, ordre de Prémontré, fondée en 1143, dans le voisinage de Radonvilliers, par Gautier, comte de Brienne, et dont l'église était dédiée à la sainte Vierge; à moins qu'elle n'ait appartenu à une autre abbaye de Prémontrés, celle de *Beaulieu*, fondée aussi dans ce même littoral, en 1107, sous le titre du Sauveur et de saint Marc, par trois saints prêtres : Osbert, Alard et Odon, qui vivaient selon la règle de saint Augustin; et enrichie par les comtes de Brienne, notamment par Erard II, qui fut père de Gauthier III, roi de Sicile, et de Jean de Brienne, empereur de Constantinople et roi de Jérusalem.

(2) L'arbre de Jessé était l'ornement le plus usuellement employé dans la statuaire et la vitrerie peinte de nos basiliques et de nos cathédrales. C'est ainsi que les vitres d'Amiens, de Beauvais, d'Alençon, etc., en sont encore décorées. On le voit dans le tympan du portail central de la cathédrale de Rouen, et dans celui de l'ancienne abbatiale de Saint-Riquier, aux-stalles du chœur de l'abbatiale de Solesmes; dans une chapelle au nord du chevet de l'église de Saint-Jean-Baptiste de Chaumont, en Bassigny, etc., etc. Nous n'en finirions pas s'il nous fallait multiplier les exemples. Cet arbre symbolique ornait aussi quelquefois les habitations privées; ainsi, un poteau cornier, à l'angle d'une maison de la ville de Sens, représente la généalogie de Jésus-Christ depuis Abraham jusqu'à la sainte Vierge. — (Voir L.-J. Guénebault, *Dictionnaire iconographique des monuments de l'antiquité chrétienne*, au mot *Arbres généalogiques*, tom. I, pag. 82. — *Revue archéologique*, année 1844, pag. 759; année 1847, pag. 69. — D. Guéranger, *Essai sur l'abbaye de Solesmes*,

est couché au-dessus du tabernacle. La corniche qui ourle l'arcature fenestrée régnant au-dessus des gradins de l'autel lui sert de lit de repos. Suivant les vieilles traditions du symbolisme hiératique de ces temps où les sculpteurs animaient de leurs œuvres les portails de nos cathédrales et où les peintres étalaient leurs fresques sur les murailles laissées nues par les sculpteurs, on a représenté Jessé dormant la tête appuyée sur sa main droite et tenant de la gauche l'arbre mystérieux dont le tronc sort du sein de ce vénérable israélite. Peut-être a-t-on voulu, par ce sommeil allégorique, établir une analogie avec Adam, d'une côte duquel Dieu tira, durant qu'il dormait, Eve, la mère du genre humain, qu'il lui présenta à son réveil : ou plutôt rappeler que Jessé vit en songe la postérité glorieuse que le Seigneur lui avait réservée. Le tronc qui sort du sein de Jessé est un cep de vigne dont les vigoureux rameaux chargés de grappes que becquètent ça et là quelques oiseaux, vont s'enrouler à droite et à gauche de la niche et forment l'arbre généalogique de la Vierge et du Sauveur. C'était en effet cet arbrisseau que les artistes des temps hiératiques choisissaient pour figurer l'arbre de Jessé (1). Le cul-de-lampe qui supporte la statue de Marie prend naissance du tronc de cette vigne emblématique dont la divine Vierge est la fleur. Ce cul-de-lampe, qui lui sert de corolle, et fort remarquable par sa délicate foliation, paraît en outre soutenu par deux gracieuses figurines d'anges, beaux petits musiciens, bien drapés, dont l'un fait vibrer les cordes d'un rebec et l'autre joue de l'orgue.

---

(1) Suivant la distinction de l'art figuré au moyen âge, la vigne a toujours été pour les chrétiens un type mystique; elle est pour eux l'emblème de Marie et de l'Eglise, par application de ces paroles du psalmiste : « Regardez du haut du ciel voyez votre vigne et visitez-la. » (Ps, LXXIX. — 15) « La vigne de mon bien-aimé, chantait Isaïe, a été plantée sur un lieu élevé, gras et fertile. » (V.—1.) Et cette sublime prophétie contribua à multiplier ce symbole dans l'art figuré des temps hiératiques. D'ailleurs, Jésus-Christ lui-même ne s'est-il pas comparé à la vigne, en disant : « Je suis la vraie vigne, et mon Père est le vigneron. »..... « Je suis la vigne, et vous les branches? » (Jean, XV. — 1, 5.) Au sujet de la vigne employée comme symbole, voyez Molanus, *Hist. imag. sacrat.*, in-4°, pag. 290. — *Manuel d'iconographie chrétienne, grecque et latine*, par MM. Didron et P. Durand, pag. 227. — *Bibliothèque sacrée*, au mot *Vigne*, tom. XXVI, pag. 140, par les RR. PP. Richard et Giraud, dominicains.

Sur les rameaux latéraux et au centre de chaque enroulement de la vigne sont placés, sortant également d'une fleur, six des rois de Juda, ancêtres de Marie. On conçoit que les dimensions très-restreintes du retable n'ont pu permettre à l'artiste d'y figurer les vingt-trois princes de cette dynastie divinement privilégiée, formant les deux fois quatorze générations mentionnées par saint Mathieu (1). Ces six personnages choisis parmi les rois, comme tels coiffés de diadèmes et tenant le sceptre dans la main droite, sont rangés dans l'ordre ascendant ci-après, suivant la disposition hiératique de cette vigne mystique, trois de chaque côté de la niche de la Vierge.

A DROITE.	A GAUCHE.
Salomon.	Asa.
Osias.	Ezéchias.
Joachim.	Jechonias.

A droite et à gauche de cette partie centrale formant contre-retable, s'élèvent deux arcatures dont les pignons, à crochets feuillagés, ornés de découpures dans leurs tympans, se relient par une élégante balustrade cantonnée de pinacles. Entre les baies trilobées, et au point d'intersection de ces pignons, leurs rampans, fort habilement sculptés, reposent sur de gracieuses figurines d'anges musiciens, tenant des instruments à cordes dont ils jouent.

Comme complément de la généalogie, autant que pour rattacher la vie positive et réelle de la sainte Vierge aux traditions bibliques et aux légendes hagiologiques de son origine royale, on a peint, à la manière byzantine, sur fond d'or, dans les baies des deux arcatures, les quatre personnages de la parenté directe et adoptive de Marie, qui partagèrent particulièrement ses affections intimes. Ces saints personnages, dont les types laissent peut-être un peu à désirer dans leur caractère esthétique et au point de vue des règles de l'iconographie chrétienne, sont : saint Joseph, chaste époux de la sainte Vierge, fidèle gardien de Jésus et de Marie ;

---

(1) « A David usque ad transmigrationem Babylonis, generationes quatuordecim : et a transmigratione Babylonis usque ad Christum, generationes quatuordecim. » Cap. I. — 17.)

saint Joachim et sainte Anne, père et mère de cette Reine du ciel, publiquement honorés à ce titre dès les premiers siècles ; et saint Jean, Évangéliste, dans lequel le nouveau peuple de Dieu a été donné comme fils à la Vierge mère.

Toutes les parties architecturales du retable, des arcatures et de l'autel, sont coloriées en imitation de ces peintures polychromes dont on couvrait souvent, au moyen âge, les différentes parties de l'intérieur et de l'extérieur des églises (1) : peintures dont les diverses nuances, combinées avec art, formaient un langage esthétique, rappelant spécifiquement la plupart des vertus chrétiennes. Toute cette sculpture d'ornements a été confiée au talent justement distingué de M. *Pyanet* ; la peinture des décorations de toutes les parties de la chapelle, y compris les voûtes et leurs ner-

---

(1) L'architecture polychrome, qui produit de si magnifiques effets quand elle réunit toutes les conditions de l'art et du goût, remonte aux temps les plus reculés. Elle était l'architecture de la Chaldée et de l'Egypte ; elle était aussi celle de la Judée, comme l'indique ce passage d'Ezéchiel : « J'entrai et je vis des images de toutes sortes de reptiles et d'animaux, et toutes les idoles de la maison d'Israël étaient peintes sur la muraille tout autour. » (VIII, 10.) Les peintures murales de l'intérieur des églises se firent, dans le principe, par imitation de celles des temples de l'ancienne Grèce et de Rome, qui, elles-mêmes, en avaient pris l'usage des Egyptiens et des Chaldéens. La sculpture polychrome n'a cessé d'être employée, en France, que dans le seizième siècle ; mais c'est particulièrement au douzième et au treizième siècles qu'elle fut commune et belle. Souvent les bas-reliefs étaient peints et se détachaient sur un fond d'or. Dans le sanctuaire on voyait, comme à Cluny, le Christ dans une gloire accompagné d'anges et des symboles des évangélistes. On peignait avec la même prédilection la Vierge, les chérubins, les anges, les apôtres, les vertus théologales et des sujets empruntés aux deux Testaments. On voit encore de ces peintures à Saint-Julien de Brioude, à la cathédrale du Puy-en-Velay, à Sainte-Cécile d'Alby, à Saint-Jean de Dijon, dans les ruines de l'abbatiale de Jumiège, à Saint-Savin, etc. Il existe encore en France des fragments assez nombreux de ce genre de décoration pour qu'on puisse parfaitement apprécier ce qu'il était au treizième siècle. On ne peut s'empêcher d'être rempli d'admiration quand, par une pensée rétrospective, on cherche à reproduire l'effet que devait offrir une grande église, dont toutes les surfaces étaient couvertes, comme cela avait quelquefois lieu, de sujets bibliques, d'arabesques, de rinceaux, d'entrelacs et de fleurons de couleurs variées. (Voir P. Lorain, *Essai historique sur l'abbaye de Cluny*, pag. 87. — E.-H. Langlois, *Essai historique sur l'abbaye de Fontenelle*, pag. 24. — H. C., *Notice historique sur Sainte-Cécile d'Alby*, pag. 35. — C.-A., Deschamps, *Histoire de l'abbaye royale de Jumiège*. — L. Batissier, *Eléments d'archéologie*. — A. Berty, *Dictionnaire de l'architecture du moyen âge*.)

vures, ont été exécutées par *M. Vivet.* Les hommes de goût et de science, si communs à Paris, auront à décider si ce retour à la peinture polychrome est véritablement celui de la mise en œuvre de la synthèse catholique des beaux siècles de l'art chrétien, ou si, voulant plaire aux yeux, on a seulement pris à tâche de vaincre ici certaines difficultés techniques. Quant à nous, nous aimons à croire que l'auteur de cette décoration monumentale, admirateur intelligent de la science et des procédés des temps hiératiques, aura tenu à démontrer, avec avantage, que l'archéologie moderne a retrouvé le secret des combinaisons de couleurs employées alors par les artistes catholiques, ou les symboles qu'ils exprimaient par ces couleurs ; et enfin, qu'elle a découvert par quelle analogie esthétique ils établissaient entre elles certaines conditions de l'activité humaine. Notre description serait incomplète si nous ne disions que les matériaux employés à la construction de l'autel et du retable, sont en liais d'Arcueil et en pierre de Conflans.

Nous venons de parcourir la poétique légende de la Vierge divine et le cycle de ses glorifications : mystérieuses beautés dont l'œil embrasse d'une même vue les traits principaux dans l'étendue de ce contre-collatéral qui compose aujourd'hui sa chapelle dans l'église de Saint-Germain-l'Auxerrois. L'Assomption corporelle de Marie et son couronnement par Jésus-Christ devaient infailliblement clore le programme de cette ornementation, véritable tropologie mystique. Pour remplir ce but, M. Amaury Duval a consacré deux fresques à ces deux sujets hiératiques.

C'est une pieuse croyance autorisée par un culte fort ancien, et fondé sur les sentiments de piété et de respect dus à la Mère de Dieu, que la bienheureuse Vierge ressuscita immédiatement après sa mort, arrivée à Jérusalem ou à Éphèse (1); et que, par un pri-

---

(1) Quelques hagiographes ont inféré d'un passage du concile général tenu à Ephèse, en 431, que la sainte Vierge mourut dans cette ville; d'autres pensent, avec plus de probabilité, qu'elle mourut à Jérusalem. Saint Guillebaud, évêque d'Aischstadt, en Allemagne, qui vivait en 740, ayant fait un voyage en Palestine, on lui montra le tombeau de la sainte Vierge, qui était vide, dans la vallée de Josaphat, au pied du mont des Oliviers. (*Apud. canis.*, tom. II, pag. 102 ; édit. Basn.— Bède, *De Locis sanctis*, place ce tombeau dans le même lieu, d'après Adamnan, surnommé *Celude*, moine, puis abbé du monastère de Hy, en Irlande, qui visita Jérusalem à la fin du septième siècle, et écrivit ensuite son livre *De Locis terræ*

vilége spécial, son corps réuni à son âme fût reçu dans le Ciel (1). Conformément à cette tradition, reproduite avec plus ou moins de détails par l'iconologie chrétienne, l'artiste a représenté l'Assomption de Marie sur le mur de fond de l'ancienne petite chapelle de saint Jean Evangéliste, à droite de l'autel de la Vierge. Sur le premier plan du tableau, le tombeau apparaît ouvert; au lieu du corps pur et sans tâche qu'il renferma quelques instants, on n'y voit que les roses et les lis de la vallée, formant le riche paysage de fond ; ces fleurs sont les symboles de la pureté de l'âme de Marie et des délices du Paradis. Autour de ce tombeau, les Apôtres, saisis d'étonnement, regardent l'intérieur du sépulcre; au-dessus d'eux, un ange, vêtu de blanc, plane dans les airs en leur montrant le Ciel où Marie s'est envolée dans les bras de son fils.

Revenons à l'autel, que nous avons quitté un instant, pour suivre l'ordre chronologique des sujets, selon la méthode herméneutique: toute la surface du mur de fond, au-dessus du retable jusqu'à la voûte, est remplie par la fresque représentant le couronnement de la sainte Vierge au milieu des anges et de la cour céleste. Le pinceau de l'artiste, pieusement inspiré par les peintres mystiques de la vieille école florentine, et, plus particulièrement, par Fra Giovanni Angelico da Fiesole, qui a traité ce sujet dans un chef-d'œuvre conservé au Louvre (3), a poétiquement exprimé le triomphe de Marie; triomphe qui est la consommation de tous les mystères de son admirable vie.

Au milieu d'une gloire de laquelle s'échappent, dans tous les sens, des rayons lumineux, et dont le centre en ellipse affecte cette forme d'amande que l'iconographie sacrée consacre à la Trinité ; forme peut-être adoptée ici à cause de l'ancienne habitude de l'art

---

sanctæ et de Situ Jerusalem [Ingolstadt, 1619, in-4°], où Bède a puisé.) — (Voir *Itin. ap. mabil.*, sect. 3, Ben. part. 2, l. I, c. 9.)

(1) C'est, d'ailleurs, la doctrine exprimée par l'Eglise depuis treize siècles, dans l'oraison collectaire du jour de l'Assomption, tirée du *Sacramentaire* de saint Grégoire le Grand : « Nec tamen mortis nexibus deprimi potuit quæ filium tuum de se genuit incarnatum ». Celle que les liens de la mort n'ont pu retenir, parce que, de sa chair divine, elle a fourni un corps au fils de l'Eternel.

(2) Le couronnement de la sainte Vierge par le bienheureux Jean de Fiesole, religieux dominicain, mort à Rome en 1455, est dans la grande galerie du Louvre, sous le n° 1006.

mystique italien qui regardait l'amande comme un des nombreux symboles de la virginité empruntés à la nature : Marie, prosternée aux pieds de Jésus-Christ, reçoit de son fils la couronne immortelle, suivant ces paroles prophétiques du psalmiste : « Vous l'avez prévenue des bénédictions de votre clémence ; vous avez mis sur sa tête une couronne de pierres précieuses. » (XX.—4.)

La divine Vierge, ornée d'un nimbe d'or, vêtue d'une longue robe blanche, parsemée d'étoiles d'or, la tête couverte d'un voile de même couleur, et tenant les mains timidement jointes sur sa poitrine, lève, vers le Sauveur, un regard d'amour et de prière pour les pauvres mortels. C'est la mise en action de ces paroles de l'*Introït* du jour de l'Assomption : « La Reine s'est tenue à votre droite, parée d'un vêtement d'or, enrichi d'ornements variés. » (*Ps.* XLIV.—10.) Jésus-Christ aussi vêtu de blanc, portant le nimbe crucifère et dont la figure austère et barbue paraît un peu vieille, pose de ses deux mains une riche couronne fleuronnée sur la tête de Marie, agenouillée devant lui.

Trois chœurs d'anges, nimbés en disques et à chevelures frisées, environnent l'auguste groupe; ils sont rangés debout, tant sur les côtés du trône que sur la partie inférieure du tableau. C'est ici où l'on peut voir combien le génie chrétien sait triompher des difficultés, et comment une inconcevable variété peut se concilier avec la plus parfaite unité. Ces anges célestes n'offrent rien que de pur, de glorieux et de sublime; ils réfléchissent, dans toute sa beauté, l'immortelle pensée de Dieu. Tous sont vêtus de robes à longs plis et de couleurs diverses, retenues par des ceintures. Les vêtements de tous ces êtres aériens retombent de manière à ce que leurs pieds ne soient jamais visibles, pour montrer que nulle créature ne peut supporter l'éclat de la beauté divine (1). Tous ceux dont les yeux

---

(1) Suivant les règles de l'iconographie chrétienne, la nudité des pieds est non-seulement un des signes hiératiques des plus illustres, c'est un attribut divin. Chez les Hébreux, c'était une marque de deuil ou de respect. (Ezéchiel, XXIV, 17; exod. III, 5.) L'artiste au fait du symbolisme hiératique ne fait les pieds nus qu'à Dieu, aux anges et aux apôtres. La sainte Vierge elle-même a les pieds chaussés. Les plus grands saints, même les pères de l'Eglise, ne peuvent être représentés les pieds nuds. Ici, comme dans le couronnement de la Vierge par Jean de Fiesole, les pieds des anges ne paraissent pas, ce qui leur donne peut-être un aspect plus surnaturel et plus aérien. Mais, aux douzième et treizième siècles, ces ministres du

peuvent se diriger vers le trône, regardent Jésus et Marie avec une ineffable béatitude, et nul ne ressemble à celui qui est à son côté.

Les anges composant le chœur le plus voisin du Sauveur et de sa glorieuse Mère, s'inclinent dans l'attitude de l'adoration et de la prière, se constituant ainsi agents de communication entre le ciel et la terre. Ceux du second chœur ou du milieu sont couronnés de roses blanches, et chantent à l'unisson sur des cartels qu'ils déroulent; ils célèbrent le triomphe de leur Reine en faisant une harmonie vocale et instrumentale. L'un d'eux touche un petit orgue portatif; un autre joue du sistre ou de la citole, un troisième pince d'une espèce de luth, tandis qu'un quatrième effleure de ses doigts les cordes d'un psaltérion. Les anges du troisième chœur balancent des encensoirs d'or, à longues chaînes, et font monter devant le trône la fumée des parfums avec les prières des saints qui, voyant l'éclat éblouissant dont Marie était revêtue, s'écrièrent avec admiration : « Qui est celle-ci qui s'élève du désert toute remplie de délices, et appuyée sur son bien-aimé ? » *(Cant. des Cant.*, VIII.—5.) Ainsi cette céleste hiérarchie constitue un triple symbole : *la Puissance, la Science* et *l'Activité*.

Les huit pendentifs ou compartiments de la voûte au-dessus de l'autel sont aussi remplis par huit anges qui se rattachent au sujet principal. L'artiste les a disposés avec la même pensée tropologique, dans le même ordre hiératique : ainsi, deux de ces esprits bienheureux prient les mains jointes, deux encensent, deux chantent en tenant des cartels, et deux font vibrer des instruments à archet. Ces huit figures, parées de longues ailes, se détachent sur un fond d'or ornementé, et ont été exécutées à la cire par M. Vivet. Les parties nues de la voûte sont peintes en bleu zénith, semé d'étoiles d'or, figurant le firmament. Les nervures, clefs et formerets sont peints en cinabre, rehaussés d'arabesques tracées en noir et réchampis en or. Les quatre piliers, leurs moulures et les tores des archivoltes du sanctuaire se distinguent par une décoration polychrome analogue, figurant des chevrons, des frettes, des rubans ou des spirales. Il est probable que cette ornementation

---

Très-Haut laissaient invariablement paraître à nu leurs pieds toujours prêts à courir, comme ceux de Jésus-Christ et des apôtres, pour porter la bonne nouvelle aux hommes dont ils sont les célestes messagers.

accessoire sera considérée par la plupart des archéologues comme un de ces caprices qui échappent à un artiste habitué à des travaux sérieux, importants et soignés; telle est du moins notre pensée; et il nous semble que le peintre, d'ailleurs si intelligent, s'est un peu départi des règles du bon goût, en simulant, comme dans une salle à manger, des assises de pierres, ocre rouge, sur les parties lisses du mur de fond et du contrefort séparant les deux petites chapelles à droite du sanctuaire (1).

Par son ameublement et sa clôture insolite, la chapelle de la Vierge forme, en quelque sorte, une petite église dans la grande; et, sous ce rapport, elle est assurément mieux pourvue que lorsqu'elle était le siége de la paroisse sous le régime capitulaire des vieux temps. On y voit un buffet d'orgue à montre gothique, une gracieuse petite chaire à prêcher octogone, dont les panneaux sont sculptés en papier roulé. Les deux côtés du sanctuaire sont garnis d'un rang de stalles d'une belle menuiserie de chêne, dans le style simple, mais élégant de la fin du quatorzième siècle. Les deux baies latérales, à droite et à gauche de l'autel, sont encloisonnées, jusqu'à la naissance des ogives par de riches boiseries du même style, ornées de panneaux pleins avec moulures en ogives flamboyantes, et amorties par des frises en dentelles découpées à jour et cantonnées de pinacles. Les trois autres travées du collatéral ouvrant sur la chapelle sont aussi fermées par des boiseries gothiques, mais beaucoup plus basses et d'un style très-simple.

---

(1) Toute la décoration monumentale de la chapelle de la sainte Vierge de l'église de Saint-Germain-l'Auxerrois a coûté 35,856 francs. Cette dépense a été payée, partie par le ministère de l'intérieur, et partie par la fabrique de la paroisse, dans les proportions suivantes:

Par le ministère	1° sculpture (M. Pyanet)	5,000 fr.	
	2° peintures (M. Amaury Duval)	7,000	26,000 fr.
	3° idem idem	4,000	
	4° peintures de décoration (M. Vivet)	10,000	
Par la fabrique	1° maçonnerie et taille de pierre	9,144	9,856
	2° sculpture	712	
	Total		35,856

En dehors de ce chiffre est celui des vitraux, exécutés par M. Maréchal, de Metz; dont la dépense a été payée, partie par la fabrique, partie par la ville de Paris.

Toute cette menuiserie monumentale, remarquable par la beauté du travail et par l'essence de chêne qui la compose, a été exécutée dans les ateliers de M. Caffin, entrepreneur de menuiserie de la préfecture de la Seine. Il est à remarquer cependant que ce système de clôtures fixes offre le grave inconvénient d'intercepter la vue et l'accès de la chapelle, à ceux qui ne peuvent y pénétrer, lorsque le retour des grandes solennités annuelles augmente l'affluence des fidèles dans l'église.

Maintenant que nous venons de finir l'histoire et la monographie de la chapelle de la sainte Vierge de Saint-Germain-l'Auxerrois, abordons une autre tâche : celle de dire quelques mots sur le mérite technique des sculptures polychromes et des fresques dont on vient d'orner cette chapelle. L'art religieux est une langue qui s'adresse à l'esprit en passant par le cœur : Simple admirateur de cet art qui unit la beauté morale à la perfection des formes, mais pénétré de son amour sans y joindre la pratique, nous formulerons moins des jugements que nous n'exprimerons avec convenance nos impressions personnelles, partagées d'ailleurs par des hommes versés dans la connaissance du mérite et des défauts de ces sortes d'ouvrages sous le double point de vue monumental et mystagogique.

Le projet d'anéantir l'ancienne décoration monumentale de cette chapelle pour lui en substituer une autre dans le style ogival de transition du contre-collatéral, qui date de 1380 à 1463, soulevait plusieurs questions qu'il eût été sage de résoudre avant de passer à l'exécution de cette ornementation hiératique : œuvre qui paraît être tout simplement la réalisation d'un caprice qui a prétendu réhabiliter l'art esthétique du moyen âge, et le compléter avec les pratiques plus savantes de l'art moderne. Or, ces questions qu'il eût été rationnel d'examiner préalablement, sont au nombre de sept principales qui entrent parfaitement dans l'esprit et le but de ce travail archéologique et que voici :

1° Était-il indispensable ou même nécessaire de détruire l'ancien retable, d'architecture classique, érigé sous Louis XIII et qui ne manquait pas, malgré sa lourdeur, d'un certain caractère monumental, pour le remplacer par la décoration actuelle, si bien entendue qu'elle soit d'ailleurs ? N'a-t-on pas ainsi ouvertement violé ce principe de la conservation des monuments historiques tant proclamé aujourd'hui par l'école archéologique, pour sacrifier le rétable historique du dix-septième siècle à l'engouement de notre époque(1)? N'a-t-on pas un peu imité en cette circonstance, mais dans un sentiment opposé, les procédés de Robert de Cotte, de Baccarit, des frères Slodts, de Louis, de Soufflot, et autres *embellisseurs* de l'époque de Louis XV, qui, par haine pour le style ogival, dont leur ignorance systématique ne pouvait apprécier le poétique symbolisme, détruisaient les monuments d'art, pour couvrir ces hideuses mutilations d'imitations hybrides prétendues de l'antique? Et les décorateurs nouveaux de la chapelle de la sainte Vierge, prétendent-ils, par le caractère religieux et presque synthétique de leurs compositions, se sauver du reproche qu'ils ont si largement et si justement déversé sur les prétendus restaurateurs des siècles de Louis XIV et de Louis XV (2)? Ils ont eu beau faire : ceux qui sont positifs dans leurs études spéculatives se demanderont toujours comment les mêmes hommes qui ont déclaré naguère *qu'il serait fâcheux de détruire, sans de bonnes raisons, un souvenir historique aussi important* que la ridicule menuiserie de marbre qui deshonore le chœur de Notre-Dame de Paris, ont pu se décider à détruire à Saint-Germain-l'Auxerrois un souvenir analogue du vœu de Louis XIII, qui offrait, suivant son importance relative, le même intérêt historique (3).

2° Mais la nécessité d'une décoration nouvelle étant admise, existait-il, dans les vieilles archives capitulaires ou paroissiales de Saint-Germain-l'Auxerrois, quelque description historique offrant des indices certains, ou des signes apparents et probables de l'existence primitive d'une ornementation analogue à celle projetée? ou bien, existait-il, sous les couches postérieures de badigeon dont on a recouvert successivement les murs et les voûtes de la chapelle, quelques témoins en sculptures ou parties coloriées

---

(1) Voir : *Bulletin archéologique*, tom. I, pag. 64. — Discours de M. le comte de Montalembert à la chambre des pairs (séance du 26 juillet 1847).

(2) Schmitt : *Les églises gothiques*, pag. 80. — E. Viollet-Leduc : *Du style gothique au dix-neuvième siècle*. — *Annales archéologiques* de M. Didron, tom. IV, pag. 345.

(3) Rapport au ministre de la justice et des cultes sur le projet de restauration de Notre-Dame de Paris, par MM. Lassus et Viollet-Leduc, p. 55.

qui justifiassent le parti de richesse qu'on a cru devoir adopter? Comme d'après l'exploration que nous avons faite des anciennes archives de l'église, nous pouvons certifier qu'il ne s'y trouve rien sur ce genre de décoration ; il est donc logique de conclure ici avec les savants rapporteurs du projet de restauration de Notre-Dame « *qu'il était hasardeux de détruire un monument exécuté avec luxe, sinon avec goût, pour le remplacer par des formes* sur lesquelles il n'existait aucun précédent écrit, pas même de renseignements vagues (1). » (Rapport précité, p. 35.)

3° Telle savamment entendue que soit la masse centrale du retable, et ses gracieux accessoires, au point de vue du symbolisme hiératique, ou de l'iconologie sacrée, n'aurait-on pu lui conserver toute cette valeur esthétique et se dispenser de dorer et de peindre ces sculptures saillantes, grassement modelées, ces réseaux ingénieusement enlacés, ces figures d'hommes et ces oiseaux qui paraissent dans le feuillage de la vigne, surtout quand cette décoration devait être éclairée par des vitraux coloriés, et qu'elle se trouve exposée de telle sorte que les effets de cette lumière douteuse doivent changer avec les heures du jour? N'a-t-on pas ainsi détruit tout le modelé de cette sculpture si bien comprise, en l'amaigrissant et en substituant des reflets aigres et des tons criards là où devait, au contraire, se projeter l'ombre et apparaître le gras du modelé?

4° Tout en reconnaissant au savant auteur des fresques de cette chapelle le véritable talent et le goût délicat dont il a fait preuve dans ses tableaux : ne pourrait-il pas encourir le reproche d'avoir plutôt recherché ici l'harmonie dans la pâleur des tons, que dans une bonne entente des couleurs? Ne s'est-il pas plus appliqué à simuler l'effet d'une vieille fresque, qu'à donner aux siennes la

---

(1) Les anciennes archives de l'église de Saint-Germain-l'Auxerrois sont conservées en majeure partie aux archives du royaume, section historique, partie ecclésiastique, lettre L. Elles comprennent 29 cartons, classés de n° 756 à 785; et 6 autres cartons, de 929 à 934. Le fonds de cette église est assurément l'un des plus considérables de ce qui nous reste en ce genre des anciennes églises de Paris. Les cartons 149 et 150 renferment les cartulaires de la collégiale au nombre de 8, la plupart écrits sur vélin. Un martrologe de 1488 renferme deux miniatures dont nous avons les dessins que nous reproduirons en couleur et or dans notre **monographie de l'église**.

franchise de leur date : car le *Couronnement de la Vierge*, particulièrement, offre, par sa couleur terne, assez de ressemblance avec le lavis des anciennes fresques italiennes et les peintures à l'œuf usitées dans les arts avant le mélange des couleurs avec l'huile, d'après la découverte qu'en firent Hubert et Jean Van Eyck, en 1390 ? Le public admirera assurément ce travail de l'artiste, et peut-être sa fantaisie, mais la vraisemblance ne lui paraîtra pas manifeste. N'est-il donc pas permis de supposer que M. Amaury Duval a, lui-même, de son plein gré, amoindri la durée probable de son œuvre, en lui donnant les allures et les tons passés des chefs-d'œuvre de la vieille école florentine ? Cependant, il est juste aussi de dire qu'il a su donner à ses compositions esthétiques le parfum de chaste et sublime pensée qui s'exhale des œuvres de Cimabuë, de Giotto, d'Orcagna et de Fiesole ; vraies gloires de l'art catholique, qu'il ne nous serait plus permis d'admirer, si elles n'avaient été fraîches et brillantes avant d'être ce que nous les voyons aujourd'hui.

5° Le clair et les ombres sont invariables dans les produits de la peinture, tandis que, sur ceux de la sculpture, il y a modification continuelle ; il en résulte que les ombres des uns et des autres se trouvent le plus souvent dans des conditions opposées. Or, d'après ce principe technique, ne devait-on pas prévoir l'effet si défavorable des verrières peintes, dont l'inconvénient est d'intercepter le jour, ou d'éparpiller sous les rayons du soleil, des tons vifs, lumineux ou tranchés qui contrastent trop vivement avec ceux de la fresque ? Mais si cette atmosphère lumineuse ou sombre, suivant l'état du ciel, était imposée à l'artiste, ne devait-il pas s'en entourer en composant son œuvre, et se mettre à même de juger ainsi que la pâleur de ses tons, vus au grand soleil, serait encore affadie par l'obscurité et la crudité des vitraux ? Cette observation n'est-elle pas surtout évidente pour les anges de la voûte et le ton azuré de ses voussures : ton qui a déjà perdu sa couleur et qui pousse au noir (1).

---

(1) L'effet trop brillant de toutes ces dorures sera annulé quand le temps, la poussière, l'humidité des hivers, ou la vapeur du calorifère établi pour chauffer l'église, les aura bruni. Quant aux vitraux, la crasse et la poussière de la rue en modifieront aussi l'éclat et leur auront bientôt donné un peu de cette profondeur de ton et de cette harmonie qu'on admire tant dans les anciennes verrières.

6° Si M. Maréchal, l'auteur des vitraux, a voulu copier une époque : quelle est-elle ? N'y a-t-il pas dans ses compositions un amalgame de tous les styles ? S'il a pris un programme plus libre et qu'il ait prétendu profiter au dix-neuvième siècle de tous les bons effets des verrières des siècles précédents : pourquoi alors ce désaccord flagrant entre le style et l'entente de la couleur de ses vitraux, avec le reste de la décoration ? Pourquoi ces tons heurtés de couleurs brillantes et de teintes obscures ? Pourquoi cette ornementation de détails qui, pour l'effet, le dispute au sujet principal ? S'il a voulu créer des verrières qui ne relevassent d'aucune époque, mais de son seul talent, était-il donc difficile et si indigne de lui de chercher une harmonie douce et qui ne nuisît pas à l'effet des fresques, dont il aurait dû se rapprocher comme style ?

7° Enfin, d'où vient le défaut d'entente dans le système général de cette décoration monumentale ? N'est-ce pas qu'à force d'avoir voulu laisser à chaque art l'indépendance de ses allures et de son génie, sans leur donner le lien commun d'un parti pris, on s'est exposé à allier forcément des œuvres d'art, fort bonnes en elles-mêmes, mais dont le désaccord, toujours choquant, est un témoignage des mauvais résultats qu'on devait attendre de cette anarchie des idées ?

Nous venons de courir rapidement sur ces questions importantes pour l'art religieux si généralement réhabilité aujourd'hui : questions catégoriques, auxquelles on ne peut répondre que par les questions mêmes, ayant voulu éviter ainsi des discussions techniques qui, de notre part, auraient pu paraître téméraires. Mais toutes ces imperfections qui n'excluent pas, du reste, la beauté matérielle du travail, le fini des sculptures, le calme religieux des peintures, et les difficultés vaincues, sont des faits accomplis sans retour, et qui ne doivent servir désormais, comme ces erreurs journalières de chacun de nous, qu'à inspirer et diriger de courageux efforts vers une application mieux entendue de la synthèse antérieure.

Lorsqu'on examine les travaux en ce genre que nous ont laissés les artistes des quatorzième et quinzième siècles, on sent que le goût délicat qui les a dirigés, les aurait empêchés de marier ensemble des parties aussi hétérogènes que ces fresques et ces sculptures polychromes, qui viennent ici s'enchevêtrer confusément, unes au-dessus des autres ; ce sont néanmoins des éléments bien différents que ces peintures proprement dites, et ces sculptures peintes. Quelle puissance de relief peut offrir la fresque du *couronnement*, en comparaison de l'énergique saillie que présentent les sculptures du retable? Cette difficulté matérielle à laquelle le peintre et les ordonnateurs de cette décoration hiératique n'ont probablement pas pensé, est une entrave insurmontable qui laisse chercher en vain cette force d'unité qui ne peut réellement exister dans toute décoration peinte, formée de surfaces réelles et de surfaces apparentes. L'architecture n'admet point de contrastes; chez elle tout est symétrie, harmonie, balancement des parties et progression des masses doucement ménagées : ainsi, dans la peinture, le choix, l'assortiment et la dégradation des couleurs par nuances, l'arrangement et la combinaison des parties d'un tableau selon les règles et les secrets de l'art, produisent cet accord parfait qui charme notre intelligence. Or, pour éviter cette confusion, qui détruit l'homogénéité qu'on a voulu produire ici, il fallait laisser à la pierre dont on a formé l'arbre de Jessé et les ornements du retable, sa couleur naturelle, et se contenter de la polir comme du marbre. Ce mode d'ornementation architecturale aurait accompagné plus convenablement, suivant nous, les peintures à fresque de M. Amaury Duval, et ravivé puissamment la couleur systématiquement terne du sujet principal.

Ceci posé, concluons et disons : que la valeur de cette ornementation en général est secondaire sous le point de vue de l'unité hiératique et artistique, parce que, comme dans presque toutes nos compositions contemporaines, en style moyen âge, les artistes, encore incertains, ont confondu les styles des différentes époques de la période catholique, surtout dans l'emploi de certaines combinaisons de formes : et cela pour se rapprocher du style de la chapelle qui, en effet, est celui de l'avant-dernier terme synchronique de la décadence ou de la transition. Quoi qu'il en soit, leur œuvre, est une démonstration formelle du retour vrai au sentiment et au goût de l'art chrétien, et une protestation éloquente contre le classique grec et romain, parfaitement impossible sous notre climat brumeux, avec nos mœurs et nos croyances.

Telles sont les réflexions qui nous ont été suggérées par l'examen attentif de cette ornementation esthétique. L'estime que nous professons pour les honorables artistes qui y ont associé leurs talents et leurs religieuses inspirations leur fera prendre en bonne part, nous osons l'espérer, ces appréciations faites toutefois avec réserve et dans la mesure de nos connaissances modestes. Croyant à leur bonne intention de contribuer, par leurs efforts et leurs études incessantes, à la régénération de l'art chrétien en France, nous regretterions amèrement qu'on pût croire que nous avons voulu, par une censure maligne et injustement sévère, rabaisser le mérite de leurs œuvres, d'une élégance simple et riche tout à la fois : telle, au reste, qu'on pouvait l'espérer d'hommes qui ont su déjà conquérir tant de suffrages : car nommer M. Lassus en fait de goût lorsqu'il s'agit de l'art historique et chrétien, c'est mettre de son côté toutes les sympathies. M. Maréchal a fait aussi ses preuves de capacité artistique par l'exhibition de verrières autres que celles de Saint-Germain-l'Auxerrois et qui sont pleines de beautés et d'intelligence iconologique. Quant à M. Amaury Duval, homme érudit, d'un goût délicat, élève de M. Ingres, et peut-être le seul qui soit demeuré fidèle à ses enseignements au point de vue de l'inspiration religieuse ; il a su, sans imitation servile, entrer dans les habitudes des vieux maîtres de l'époque synthétique, tout en distinguant son œuvre par un modelé simple et vigoureux, un dessin moelleux et bien arrêté. M. Duval, qui a puisé ses inspirations esthétiques dans les livres saints et les traditions de l'Église, est du petit nombre de ces artistes de notre temps, qui, sans renoncer à l'esprit de perfectionnement du siècle, donnent le salutaire exemple de savoir remonter jusqu'aux temps hiératiques pour y puiser les éléments simples du style qu'ils doivent appliquer à l'interprétation de l'idéal chrétien, selon les progrès des arts et de la civilisation modernes.

En résumé, malgré les fautes d'unité que nous venons de signaler, la chapelle de la sainte Vierge de Saint-Germain-l'Auxerrois est, par son caractère religieux, infiniment au-dessus des trois autres chapelles peintes au chevet de l'église. Nous ne pouvons rien dire de celle de sainte Geneviève, parce que notre critique pourrait avoir une amertume qu'il nous répugne d'exprimer ici. On conviendra volontiers que celle du Calvaire ou du centre, quoique moins irréprochable, serait infiniment mieux encore, si les sujets étaient plus grandioses, et si toutes ces petites figures maniérées (nous allions dire *ces miniatures*), se détachaient plus heureusement et plus franchement dans les tableaux inférieurs, que sur un fond violet clair ou lilas, damasquiné en or, comme la couverture des *Étrennes mignonnes* ou des almanachs de *Saxe-Gotha*. La chapelle de saint Landry, qui offre assurément de beaux détails, se rapproche beaucoup plus du caractère grave et religieux : il ne s'y trouve aucune atteinte à la morale ni au sentiment chrétien, si ce n'est cette nourrice à demi-nue, dont l'embonpoint excessivement proéminent, contraste par trop avec l'état d'inanition qui la fait mourir avec l'enfant attaché à son sein. A moins que quelque intelligence revêche et profondément entichée des traditions esthétiques et mystiques ne puisse pardonner à l'habile M. Guichard d'avoir, par le même sentiment cordial, qui avait inspiré aux artistes du seizième siècle l'usage de placer dans leurs œuvres les portraits de leurs amis, sous les traits de quelques bienheureux ; d'avoir, disons-nous, introduit l'acteur Nourrit et sa famille dans la procession pour la translation des reliques du saint et aumônieux évêque de Paris, qui forme une délicieuse frise autour de cette chapelle.

Il est donc évident que la chapelle de la sainte Vierge dépasse, par son caractère esthétique et son exécution technique, les autres travaux analogues, exécutés dehors ou dans l'église de Saint-Germain-l'Auxerrois (1). Du moins les sujets y sont exclusivement chrétiens ; rien dans leur composition ne vient froisser le sentiment religieux par les excentricités philosophiques et par la morgue rationaliste caractérisant certaines œuvres qui salissent nos églises : déplorables reflets de l'art païen du siècle de Louis XIV et de l'empire, et qui rappelleront aux générations futures l'invasion de l'enseignement sceptique académique qui désola nos jeunes années. Tant il est vrai, ainsi que l'a écrit un savant et pieux artiste que la mort nous a ravi trop tôt, que « les arts ne peuvent être ramenés à l'état de synthèse parfaite, que par la croyance qui construit des temples pour y prier et pour y enseigner les saints exemples. » (L. A. Piel. Reliq. p. 177.)

TROCHE,
Auteur d'une monographie *inédite* de l'église de Saint-Germain-l'Auxerrois, l'un des collaborateurs de la *Revue archéologique*.

---

(1) Voir notre *Mémoire historique et critique* sur le porche de la même église, dans la *Revue archéologique*, t. III, 2ᵉ partie, pages 591 et suiv.

Paris, Paul DUPONT.